Scoprire i Giochi Gratuiti Online

Disponibile Qui:

BestActivityBooks.com/FREEGAMES

5 CONSIGLI PER INIZIARE

1) COME RISOLVERE LE PAROLE INTRECCIATTE

I puzzle hanno un formato classico:

- Le parole sono nascoste senza spazi o trattini,...
- Orientamento: Le parole possono essere scritte in avanti, indietro, verso l'alto, verso il basso o in diagonale (possono essere invertite).
- Le parole possono sovrapporsi o intersecarsi.

2) APPRENDIMENTO ATTIVO

Accanto ad ogni parola c'è uno spazio per scrivere la traduzione. Per incoraggiare l'apprendimento attivo, un **DIZIONARIO** alla fine di questa edizione vi permetterà di controllare e ampliare le vostre conoscenze. Cerca e scrivi le traduzioni, trovale nel puzzle e aggiungile al tuo vocabolario!

3) SEGNARE LE PAROLE

Puoi inventare il tuo sistema di segni. Forse ne usi già uno? Per esempio, puoi segnare le parole difficili da trovare con una croce, le parole preferite con una stella, le parole nuove con un triangolo, le parole rare con un diamante, e così via.

4) STRUTTURARE L'APPRENDIMENTO

Questa edizione offre un **TACCUINO** alla fine del libro. In vacanza, in viaggio o a casa, puoi organizzare facilmente le tue nuove conoscenze senza bisogno di un secondo quaderno!

5) AVETE FINITO TUTTE LE GRIGLIE?

Nelle ultime pagine di questo libro, nella sezione della **SFIDA FINALE**, troverete un gioco gratuito!

Facile e veloce! Dai un'occhiata alla nostra collezione di libri di attività per il tuo prossimo momento di divertimento e **apprendimento,** a portata di clic!

Trova la tua prossima sfida su:

BestActivityBooks.com/MioProssimoLibro

Ai vostri posti, pronti...Via!

Sapevi che ci sono circa 7.000 lingue diverse nel mondo? Le parole sono preziose.

Amiamo le lingue e abbiamo lavorato duramente per creare libri di altissima qualità. I nostri ingredienti?

Una selezione di argomenti adatti all'apprendimento, tre buone porzioni di intrattenimento, una cucchiaiata di parole difficili e una spolverata di parole rare. Li serviamo con amore e entusiasmo in modo che tu possa risolvere i migliori giochi di parole e divertirti imparando!

La vostra opinione è essenziale. Puoi partecipare attivamente al successo di questo libro lasciandoci un commento. Ci piacerebbe sapere cosa ti è piaciuto di più di questa edizione.

Ecco un link veloce alla pagina dell'ordine:

BestBooksActivity.com/Recensione50

Grazie per il vostro aiuto e buon divertimento!

Tutta la squadra

1 - Scacchi

```
H  P  F  T  F  U  B  H  B  R  V  D  I  M  S  C
A  P  P  R  E  N  D  R  E  M  P  K  D  G  A  H
O  K  D  C  H  B  V  O  A  T  H  T  T  F  C  R
J  H  I  O  R  U  E  U  O  J  B  X  E  N  R  S
E  R  A  N  O  I  P  M  A  H  C  X  Q  Z  I  V
U  S  G  Z  O  D  K  V  W  M  Z  P  G  I  F  N
B  X  O  P  J  I  K  A  R  È  G  L  E  S  I  H
L  S  N  I  O  N  R  U  O  T  Q  E  C  X  C  L
A  T  A  E  R  I  A  S  R  E  V  D  A  X  E  X
N  R  L  L  O  T  N  E  G  I  L  L  E  T  N  I
C  A  R  B  L  J  G  T  M  S  E  Y  X  K  N  U
H  T  D  S  T  K  P  P  S  R  U  O  C  N  O  C
W  É  J  I  T  E  N  P  P  I  D  Z  Q  X  T  R
E  G  Z  K  N  Y  A  J  M  S  F  I  S  S  A  P
I  I  F  Q  G  B  R  N  E  X  I  É  B  R  Q  F
O  E  R  E  I  N  E  K  T  Z  O  L  D  A  Z  P
```

ADVERSAIRE	APPRENDRE
BLANC	POINTS
CHAMPION	ROI
CONCOURS	REINE
DIAGONAL	RÈGLES
JOUEUR	SACRIFICE
JEU	DÉFIS
INTELLIGENT	STRATÉGIE
NOIR	TEMPS
PASSIF	TOURNOI

2 - Salute e Benessere #2

```
N H N Y A D I S O F T U O G G I
P C O W P É N E R G I E G J É N
Z F I W P H X T C T Y X W A N F
X A T G É G U O E O L G R H É E
S A I N T G P B G N R U X Y T C
K L R E I R O L A C J P D G I T
V T T M T M Q A S P B U S I Q I
D B U X G Y D T S S R E D È U O
C I N C V F X I A Y E N I N E N
A K È G L Z W P M U Y I O E H P
H W M T H O J Ô G T T B P K F Y
Y M X S E C Q H A N A T O M I E
A L L E R G I E I D A L A M Y T
V I T A M I N E N Q Q S X X Q F
Q D I G E S T I O N B J F J W H
R É C U P É R A T I O N E L D V
```

ALLERGIE	INFECTION
ANATOMIE	MALADIE
APPÉTIT	MASSAGE
CALORIE	NUTRITION
CORPS	HÔPITAL
DIÈTE	POIDS
DIGESTION	RÉCUPÉRATION
ÉNERGIE	SANG
GÉNÉTIQUE	SAIN
HYGIÈNE	VITAMINE

3 - Aggettivi #2

```
N  C  T  E  N  A  U  T  H  E  N  T  I  Q  U  E
A  R  W  P  B  X  X  D  X  S  D  F  U  N  Q  Q
T  É  D  E  S  C  R  I  P  T  I  F  A  Q  J  S
U  A  Y  R  J  W  U  S  D  N  X  H  M  I  G  X
R  T  P  B  M  H  P  L  J  A  G  W  K  C  M  O
E  I  U  È  I  E  L  B  A  S  N  O  P  S  E  R
L  F  E  L  A  M  R  O  N  S  F  O  R  T  D  E
P  T  P  É  U  Y  K  J  A  E  P  G  D  T  R  I
W  R  Z  C  S  D  O  U  X  R  S  U  A  Y  A  F
X  S  O  F  N  Y  W  B  Z  É  M  A  E  B  M  W
Z  E  X  D  D  N  X  D  E  T  H  E  L  D  A  Y
G  C  E  Y  U  G  Z  Z  U  N  X  V  K  É  T  H
L  W  M  D  S  C  T  S  L  I  O  U  N  E  I  M
S  A  I  N  S  D  T  O  O  Z  O  O  F  T  Q  N
É  L  É  G  A  N  T  I  M  S  A  N  Y  X  U  D
T  R  C  B  R  Z  K  N  F  W  Z  W  S  C  E  K
```

FAIM   INTÉRESSANT
SEC   NATUREL
AUTHENTIQUE   NORMAL
CRÉATIF   NOUVEAU
DESCRIPTIF   FIER
DOUX   PRODUCTIF
DRAMATIQUE   PUR
ÉLÉGANT   RESPONSABLE
CÉLÈBRE   SALÉ
FORT   SAIN

4 - Ingegneria

```
L  J  W  F  P  R  O  P  U  L  S  I  O  N  A  M
I  D  I  S  T  R  I  B  U  T  I  O  N  V  G  O
Q  B  G  K  I  E  C  H  C  Z  Y  K  Q  H  G  U
U  É  D  Z  O  L  F  L  O  F  Z  T  J  E  W  U
I  A  T  P  S  E  G  A  N  E  R  G  N  E  W  F
D  H  F  I  X  S  Z  M  S  M  Y  A  N  G  L  E
E  J  H  M  L  E  U  S  T  I  E  C  R  O  F  Q
R  O  T  A  T  I  O  N  R  R  S  S  P  M  U  C
D  T  Y  Q  H  D  B  O  U  Y  B  Q  U  W  O  A
C  I  X  C  I  Z  R  A  C  G  B  S  D  R  E  L
U  S  A  E  T  M  M  H  T  L  N  A  V  E  E  C
I  E  B  M  Y  W  D  N  I  S  F  G  Q  N  P  U
R  G  O  T  È  Y  V  B  O  M  O  T  E  U  R  L
T  U  M  A  V  T  N  N  M  A  C  H  I  N  E  E
M  P  L  X  K  M  R  L  R  É  N  E  R  G  I  E
H  I  A  E  Y  F  I  E  M  M  A  R  G  A  I  D
```

ANGLE	FORCE
AXE	ENGRENAGES
CALCUL	LIQUIDE
CONSTRUCTION	MACHINE
DIAGRAMME	MESURE
DIAMÈTRE	MOTEUR
DIESEL	PROPULSION
DISTRIBUTION	ROTATION
ÉNERGIE	STABILITÉ

5 - Archeologia

```
F  Z  B  A  A  V  Z  H  U  L  C  V  Y  I  I  C
T  N  A  D  N  E  C  S  E  D  H  D  Y  O  N  I
A  N  Y  Y  C  O  D  Y  T  R  E  P  X  E  T  V
M  N  E  L  I  S  S  O  F  E  R  Z  J  S  M  I
P  Y  T  I  E  A  K  B  T  L  C  W  G  G  S  L
R  X  S  I  N  F  B  J  E  I  H  È  R  E  I  I
O  W  R  T  Q  H  F  E  M  Q  E  J  E  Y  Y  S
F  U  N  B  È  U  P  T  P  U  U  T  T  B  P  A
E  R  R  Q  O  R  I  S  L  E  R  F  J  T  J  T
S  E  R  Y  M  P  E  T  E  S  Y  L  A  N  A  I
S  V  L  E  V  V  Y  U  É  I  L  B  U  O  L  O
E  É  V  A  L  U  A  T  I  O  N  Q  C  Q  R  N
U  F  V  Q  A  X  B  I  N  C  O  N  N  U  H  M
R  O  C  K  Q  T  O  M  B  E  O  S  R  L  E  F
É  Q  U  I  P  E  O  X  G  V  L  E  K  T  U  O
F  K  S  I  I  Y  W  A  A  C  L  G  Y  Q  B  W
```

ANALYSE
ANTIQUITÉ
ANCIEN
CIVILISATION
OUBLIÉ
DESCENDANT
ÈRE
EXPERT
FOSSILE
MYSTÈRE

OBJETS
OS
PROFESSEUR
RELIQUE
CHERCHEUR
INCONNU
ÉQUIPE
TEMPLE
TOMBE
ÉVALUATION

6 - Salute e Benessere #1

```
P  H  A  R  M  A  C  I  E  H  Z  E  O  I  H  E
X  A  P  Y  P  V  S  X  J  L  E  D  E  T  A  M
I  B  J  K  D  I  S  E  L  C  S  U  M  A  U  É
T  E  Q  U  T  I  B  U  U  W  F  T  S  W  T  D
R  W  R  V  E  I  B  Q  Z  M  R  I  F  G  E  I
C  H  H  E  I  K  T  I  P  L  E  B  L  M  U  C
H  O  R  M  O  N  E  N  L  E  N  A  C  É  R  A
F  B  A  C  T  É  R  I  E  S  A  H  Z  D  V  M
I  A  I  R  T  B  U  L  X  M  B  U  D  E  I  E
T  G  I  L  H  E  T  C  E  X  E  X  K  C  R  N
C  L  S  M  É  L  S  I  L  H  U  T  M  I  U  T
A  T  H  G  R  T  O  G  F  O  I  O  I  N  S  Q
A  H  X  G  A  Q  P  H  É  B  U  A  E  A  C  V
X  P  C  S  P  I  U  L  R  X  W  W  J  M  R  U
O  V  S  Z  I  R  E  L  A  X  A  T  I  O  N  T
V  A  Z  G  E  R  U  T  C  A  R  F  H  L  N  W
```

HABITUDE
HAUTEUR
ACTIF
BACTÉRIES
CLINIQUE
FAIM
PHARMACIE
FRACTURE
MÉDICAMENT
MÉDECIN

MUSCLES
NERFS
HORMONE
PEAU
POSTURE
RÉFLEXE
RELAXATION
THÉRAPIE
TRAITEMENT
VIRUS

7 - Aggettivi #1

```
T  E  L  M  E  D  A  A  E  Y  G  N  O  L  B  I
P  N  O  O  X  L  R  N  M  R  S  R  I  Z  I  C
W  T  U  D  O  Z  O  Q  R  B  X  G  A  R  L  F
K  Z  R  E  T  J  M  F  O  N  I  E  C  N  I  M
A  U  D  R  I  E  A  X  N  P  M  T  U  E  D  N
O  R  F  N  Q  U  T  D  É  A  Z  N  I  Q  A  R
C  R  T  E  U  I  N  E  R  K  E  U  E  G  P
Z  Z  R  I  E  E  Q  Q  T  F  N  L  T  E  U  R
H  T  H  A  S  M  U  B  P  A  A  C  T  I  F  X
V  U  E  R  K  T  E  U  Q  I  T  N  E  D  I  S
S  A  Y  V  V  W  I  F  V  T  W  O  T  B  R  Y
A  B  S  O  L  U  M  Q  V  Z  O  A  Ê  U  V  G
I  J  S  R  J  Z  A  Q  U  P  M  P  N  B  J  G
P  R  É  C  I  E  U  X  U  E  R  É  N  É  G  R
R  I  M  P  O  R  T  A  N  T  F  I  O  T  M  G
H  B  N  W  J  N  O  X  H  E  C  Z  H  G  B  E
```

AMBITIEUX
AROMATIQUE
ARTISTIQUE
ABSOLU
ACTIF
ÉNORME
EXOTIQUE
GÉNÉREUX
JEUNE
GRAND

IDENTIQUE
IMPORTANT
LENT
LONG
MODERNE
HONNÊTE
PARFAIT
LOURD
PRÉCIEUX
MINCE

8 - Geologia

```
C W G I O Q U A R T Z O O A F C
A N C A V E R N E E D X S N D T
L I A R O C W S N R P V T V Z Y
C M S C M D N J O R O V A E Y K
I E I T L B D Z Z E V A L U P B
U F Y N A O L B P I P C A S B A
M J J E É L V Z Y P C I C U P U
X X Z N N R A K W G D D T Q F K
E Y H I K V A G B E H E I P R U
E Z K T V J K U M L H K T W C X
N Y V N L G P L X I Y H E K G F
Q U B O Z T M H V S T T X A I M
M B H C N Y E R E S Y E G Z P Q
H A E R F E H C U O C N S S E L
C R I S T A U X K F D E K D B M
É R O S I O N G M P L A T E A U
```

ACIDE
PLATEAU
CALCIUM
CAVERNE
CONTINENT
CORAIL
CRISTAUX
ÉROSION
FOSSILE
GEYSER

LAVE
MINÉRAUX
PIERRE
QUARTZ
SEL
STALAGMITES
STALACTITE
COUCHE
VOLCAN
ZONE

9 - Campeggio

```
A L O J L N N N T E P Y B B G M
G N J X U E F I A P P P Y O C W
V H I G N N D X N T C V I U H T
T N E M E S U M A Ê U K C S Y D
P U M G A X W S E R B R A S S P
J F F N W U I B Y O M L E O G Z
Z A M U Z C X J J F X F N L K S
T S Y W H L H C A N O Ë I E P M
C H A P E A U A X V R Q B Z D A
A V E N T U R E S T S A A Y C D
M A P Z N H P T S S J D C U O S
A U F S E X M C S O E I L M R W
H Y I M T Y O E P B Z K K V D Q
J T D L B V V S J Y J L A C E I
N S C A R T E N G A T N O M N V
C D B O J L H I I K V Y X D P H
```

ARBRES	AMUSEMENT
HAMAC	FORÊT
ANIMAUX	FEU
AVENTURE	INSECTE
BOUSSOLE	LAC
CABINE	LUNE
CHASSE	CARTE
CANOË	MONTAGNE
CHAPEAU	NATURE
CORDE	TENTE

10 - Tempo

```
X  F  E  G  T  H  J  G  Z  M  N  D  X  V  D  N
R  O  É  G  M  P  E  L  C  È  I  S  B  L  C  D
R  J  N  P  O  G  U  U  M  I  N  U  T  E  P  Y
A  F  N  F  I  L  K  N  R  U  O  J  J  B  O  A
D  U  A  U  S  È  R  P  A  E  A  N  N  U  E  L
É  Y  J  B  Y  E  E  O  B  I  E  N  T  Ô  T  V
C  F  L  O  I  D  I  M  H  S  E  M  A  I  N  E
E  C  N  O  U  S  H  Q  J  N  A  V  A  N  T  H
N  S  I  C  U  R  V  B  O  U  F  U  T  U  R  G
N  Y  R  R  D  F  D  E  N  I  T  A  M  Q  H  H
I  X  A  T  J  W  M  H  Q  T  T  T  E  E  R  H
E  T  W  B  A  B  K  X  U  S  G  Q  H  T  S  F
S  D  W  R  E  Y  X  U  Q  I  K  R  E  J  E  N
I  F  H  N  B  F  R  N  F  C  X  S  S  U  B  X
V  D  D  N  M  S  S  A  C  T  V  O  H  Z  F  H
B  D  X  O  C  A  L  E  N  D  R  I  E  R  A  J
```

ANNÉE	MIDI
ANNUEL	MINUTE
CALENDRIER	NUIT
DÉCENNIE	AUJOURD'HUI
APRÈS	HEURE
FUTUR	HORLOGE
JOUR	BIENTÔT
HIER	AVANT
MATIN	SIÈCLE
MOIS	SEMAINE

11 - Astronomia

```
G R A V I T É V B E R J R H I F
T E R R E R A D I A T I O N E U
C K F E T U A N O R T S A A Q S
O N V V H E E L I H F C V B S É
S P W Y D U T É L E S C O P E E
M N A G A T N V Z A Q Z N P R D
O É É M É T É O R E G C R P I Ï
S G Q B Q L I C L U E Z E G O O
Y A Z U U D L O Z K U N P M T R
F L E N I L E I C P N F U P A É
L A Q L Y N E W F S I K S L V T
K X N O P J O U T Q V K F A R S
X I Y Q L F R X S P E T L N E A
A E G K I T A J E E R F M È S X
A S T R O N O M E F S L L T B A
C O N S T E L L A T I O N E O G
```

ASTÉROÏDE   MÉTÉORE
ASTRONAUTE   NÉBULEUSE
ASTRONOME   OBSERVATOIRE
CIEL   PLANÈTE
COSMOS   RADIATION
CONSTELLATION   FUSÉE
ÉQUINOXE   SUPERNOVA
GALAXIE   TÉLESCOPE
GRAVITÉ   TERRE
LUNE   UNIVERS

12 - Algebra

```
F M G Y D C I L I N É A I R E P
E R A S O U S T R A C T I O N R
J M A T N A S O P X E N G A Z O
V X P C R S I M P L I F I E R B
Z C Y V T I F N U F V I P L T L
P J D J O I C S S O F Y B B Z È
D A L Q Z B O E O R R X U A F M
I I R N L N E N L M O Q B I V E
V N F E M O U Z U U I G M R U M
I F A N N I Q É T L Q H D A U M
S I C V M T I R I E G Z G V Z A
I N T Y X A H O O N O M B R E R
O I E E T U P È N O S P I R T G
N H U L I Q A C S D P A B D M A
R B R T J É R Y O E V O Z L S I
C V G M N P G Q E T G X X N Y D
```

DIAGRAMME
DIVISION
ÉQUATION
EXPOSANT
FAUX
FACTEUR
FORMULE
FRACTION
GRAPHIQUE
INFINI

LINÉAIRE
MATRICE
NOMBRE
PARENTHÈSE
PROBLÈME
SIMPLIFIER
SOLUTION
SOUSTRACTION
VARIABLE
ZÉRO

13 - Mitologia

```
L C X W C R B F M O M M B G W L
C A U E D X A H X C T T O S K N
A G B L V E D H M O R T E L A M
T U V Y T N E M E T R O P M O C
A E E K R U Y B U N É O C P K X
S R N I F I R M O G Y C I D I F
T R G T E D N E G É L O L R T D
R I E O U B F T D C R F U A F O
O E A N Q O N M H I Y Q Z P I E
P R N N I Z F F O E C R O F S R
H F C E G A R C H É T Y P E S U
E Z E R A P B C R É A T I O N T
W N C R M J A L O U S I E K E A
N K J E U L M O N S T R E W X É
H É R O S D I V I N I T É S G R
I M M O R T A L I T É G K J K C
```

ARCHÉTYPE	JALOUSIE
COMPORTEMENT	GUERRIER
CRÉATURE	IMMORTALITÉ
CRÉATION	LABYRINTHE
CULTURE	LÉGENDE
CATASTROPHE	MAGIQUE
DIVINITÉS	MORTEL
HÉROS	MONSTRE
FORCE	TONNERRE
ÉCLAIR	VENGEANCE

14 - Piante

```
N F W E I D F D R P P J I A V C
P G V G L S C N Y X É S Z R É N
T Y X A S K F Q U C T G R B G V
X B A L S G N F D A A R B R É U
V U U L X F E J H I L A A E T O
I N S I U L Q U S V E N M J A B
H F E U S E N I C A R D B A T O
X C W E L S A P A R F I O S I T
B I K F K S O J Z D R R U D O A
H A X I G U J N L T Ê R O F N N
U J S E R O L F L R O T A O B I
U F A B A M N L E H N C O O A Q
F L A R D C M E N G R A I S I U
V E G E D C A C T U S X Z R E E
D U O H N I W A L I E R R E A A
E R J J D D N J D A B R N L O H
```

ARBRE	ENGRAIS
BAIE	FLEUR
BAMBOU	FLORE
BOTANIQUE	FEUILLAGE
CACTUS	FORÊT
BUISSON	JARDIN
GRANDIR	MOUSSE
LIERRE	PÉTALE
HERBE	RACINE
HARICOT	VÉGÉTATION

15 - Spezie

```
U G N R Q P J P D U O N E U C X
Z O B R C U R R Y A K I R P A P
T Z R É G L I S S E Q P B J N V
F R T O L D C I H A W S M I N D
E T L H K U L M M D B F E M E U
C Q M X B N I M U C N R G S L Z
I A M U C R U C T S U S N P L I
W G R O Q Y O F M G C N I Q E K
H A S D N B N B Y Q O A G Z R X
P A I E A P E F J R B R D W V J
L I N A L M F X X Z F F N E I K
C L A G Y N O N G I O A L T O Y
Z M H O A Q B M R T B S Q F P A
A M E R G C Z Y E L L I N A V D
C O R I A N D R E U U S Q Q T O
F P H J T T P C J N S Q W B O P
```

AIL
AMER
ANIS
CANNELLE
CARDAMOME
OIGNON
CORIANDRE
CUMIN
CURCUMA
CURRY

DOUX
FENOUIL
RÉGLISSE
MUSCADE
PAPRIKA
POIVRE
SEL
VANILLE
SAFRAN
GINGEMBRE

16 - Numeri

```
D D P N O K L T A O P D G M D I
B É T P E S X I D Y V I A U J I
H P C F M U J J D Q S X Y X D X
X K Q I E B F V I J P H N N D K
H Y B I M L Y R Y Q C U B H N D
U J P B U A T R O I S I D I U C
I S E P T C L J H S W T B Q K I
T X M I G W C F U E N X I D S N
F S U P N Z W X I D V U E I Q
P S T B I D V H G Z M H Q Z X K
Q I C K V C T W G E Z I E R T L
D E U X K A O I P Z Z U V O U W
V Y H D W E R T A U Q N G T L X
Y K V G Y W É K O O F Y I A B G
I X J W F X Z I T D O N Q U A Z
J O Y I D Z M U Q L U M A Q Q M
```

CINQ	QUATORZE
DÉCIMAL	QUATRE
DIX-NEUF	QUINZE
DIX-SEPT	SEIZE
DIX-HUIT	SIX
DIX	SEPT
DOUZE	TROIS
DEUX	TREIZE
NEUF	VINGT
HUIT	ZÉRO

17 - Cioccolato

```
S Y D V A L S U E K N T H R A S
R F S O C O C E D X I O N F N U
V C S Y U L L Q O Y C D B E T C
B Y F C D X X G O Û T J D N I R
W R Z S P V O R U B S F Z M O E
I N G R É D I E N T K R B R X B
C C J Q Z A R T I S A N A L Y F
A A E Q U A L I T É L B I N D A R
R C R X U E I C I L É D X I A V
A A D P O X P L P R O P U L N O
M H U S A T R E C E T T E S T R
E U O E Z S I Y T M H Q Z K G I
L È P M V D R Q J A U F H N Q F
D T R Ô T M P S U F H D L J A F
S E I R O L A C B E H D G O O K
T S C A C A O G O P B F X J D E
```

AMER
ANTIOXYDANT
CACAHUÈTES
ARÔME
ARTISANAL
CACAO
CALORIES
BONBON
CARAMEL
DÉLICIEUX

DOUX
EXOTIQUE
GOÛT
INGRÉDIENT
NOIX DE COCO
POUDRE
FAVORI
QUALITÉ
RECETTE
SUCRE

18 - Guida

```
H  K  F  P  Y  Q  Z  C  A  R  B  U  R  A  N  T
M  W  M  R  P  F  L  Q  H  U  R  S  E  C  V  R
Z  W  G  E  E  R  U  T  I  O  V  É  G  A  M  O
A  G  F  S  T  I  B  K  T  T  K  C  N  R  O  P
G  M  L  S  U  O  N  H  V  R  A  U  A  T  T  S
A  M  O  E  O  B  O  S  H  A  C  R  D  E  E  N
R  X  L  T  R  G  T  Y  K  F  C  I  L  E  U  A
A  E  J  I  O  A  É  N  K  I  I  T  V  M  R  R
G  C  N  V  C  T  I  A  K  C  D  É  V  E  N  T
E  K  X  N  W  E  P  S  X  M  E  U  F  P  A  V
P  O  L  I  C  E  N  A  Q  S  N  Y  K  B  D  O
G  Z  E  G  I  H  Z  C  H  I  T  F  Y  U  H  R
R  U  N  I  R  B  S  K  E  R  Y  F  Y  S  T  R
K  A  N  M  E  S  L  N  J  E  J  G  F  S  Y  R
P  E  U  H  W  R  X  Z  G  U  U  I  N  A  J  T
Y  O  T  K  B  L  Z  T  U  M  M  B  K  H  B  P
```

VOITURE	MOTEUR
BUS	PIÉTON
CARBURANT	DANGER
FREINS	POLICE
GARAGE	SÉCURITÉ
GAZ	ROUTE
ACCIDENT	TRAFIC
LICENCE	TRANSPORT
CARTE	TUNNEL
MOTO	VITESSE

19 - I Media

```
T  É  L  É  V  I  S  I  O  N  T  V  É  F  C  P
J  N  P  U  B  L  I  C  D  U  J  A  D  A  O  H
I  O  U  R  É  S  E  A  U  T  A  K  U  I  M  O
Z  G  U  M  J  K  C  T  C  W  J  Y  C  T  M  T
Q  F  Z  R  É  N  I  O  I  D  A  R  A  S  U  O
C  U  F  N  N  R  J  O  P  W  Q  T  T  X  N  S
B  J  R  X  J  A  I  C  L  I  V  V  I  G  I  É
S  X  B  V  Q  F  U  Q  T  N  N  P  O  K  C  D
E  N  L  I  G  N  E  X  U  V  X  I  N  B  A  I
G  V  I  K  L  A  I  C  R  E  M  M  O  C  T  T
I  N  T  E  L  L  E  C  T  U  E  L  G  N  I  I
I  N  D  I  V  I  D  U  E  L  L  E  W  H  O  O
A  T  T  I  T  U  D  E  S  K  Q  O  N  I  N  N
X  W  J  M  E  M  Z  I  N  D  U  S  T  R  I  E
Y  H  D  L  J  F  I  N  A  N  C  E  M  E  N  T
Y  U  L  L  Y  A  G  L  O  C  A  L  M  K  A  X
```

ATTITUDES	INDIVIDUEL
COMMERCIAL	INDUSTRIE
COMMUNICATION	INTELLECTUEL
NUMÉRIQUE	LOCAL
ÉDITION	EN LIGNE
ÉDUCATION	OPINION
FAITS	PUBLIC
FINANCEMENT	RADIO
PHOTOS	RÉSEAU
JOURNAUX	TÉLÉVISION

20 - Forza e Gravità

```
F M E M T D Y N A M I Q U E X A
R O O A V Q N B O I Y S A F H T
I U R V P A E U Q I N A C É M D
C V B M J D O G E S S E T I V É
T E I D U A T P T Q X S G C E C
I M T K P O I D S E C H E Y P O
O E E N A Z G T V N L W Q R D U
N N U O P R O P R I É T É S P V
L T F I K F C Y P C V C G E R E
T E M S I T É N G A M E Y T T R
C E C N A T S I D L G N U È V T
A L M A Z T F I W G H T X N L E
P S T P G T J P O O Y R F A P I
M V J X S P K Q W O L E Y L F H
I Q L E S R E V I N U G Z P X A
C F H A D M S W P H Y S I Q U E
```

AXE
FRICTION
CENTRE
DYNAMIQUE
DISTANCE
EXPANSION
PHYSIQUE
IMPACT
MAGNÉTISME
MÉCANIQUE

MOUVEMENT
ORBITE
POIDS
PLANÈTES
PRESSION
PROPRIÉTÉS
DÉCOUVERTE
TEMPS
UNIVERSEL
VITESSE

21 - Sport

```
W C U E T È I D O J J P R Q C M
O A L N X P K H S J Q M G H Y U
A P O T H I E V L H U K W D C S
H A S R P O P E M S C E E S L C
N C Z A H B V U W P P C W S I L
V I W Î V J A Q E F L N K A S E
P T U N R E S I M I X A M N M S
J É M E E C C L M T E R F T E T
M O O U G T J O A D S U S É T U
D I G R A I B B R G S D P E È V
V A B G N F A A G P D N O L L Q
F F N L I K P T O J S E R W H Q
I W D S F N W É R W M E T V T G
F S S H E F G M P E L I S D A L
Z S P F O R C E O I E P A Q O P
N U T R I T I O N A H L J C K Y
```

ENTRAÎNEUR
ATHLÈTE
CAPACITÉ
CYCLISME
CORPS
DANSE
DIÈTE
FORCE
JOGGING
MAXIMISER

MÉTABOLIQUE
MUSCLES
NAGER
NUTRITION
OBJECTIF
OS
PROGRAMME
ENDURANCE
SANTÉ
SPORTS

22 - Caffè

```
O L P K M A C R L V P R I X W M
R R Q M I H Z U L A A S O A B G
I B T M A T I N F R N R V V B S
G O P A K E Y H V I N O R Ô T I
I I K O S O A D W É R O I N I N
N S V M P S M I X T L L K R H D
E S W H G T E N I É F A C U J W
J O P G L E D I U Q I L K E S E
K N S Q A R I A M E R T L V A R
M I Q U I T C A G H A T Y A X L
M R U J T L A B E K X E O S V R
M O C B I I B T T C A L E T M R
Z G U N Q F S U C R E W K J B R
T M A D D I N Y Q J W O B K G Y
X G E H R W G X W D N I R K H Y
V B A L L E M È R C A R Ô M E B
```

ACIDE
EAU
AMER
ARÔME
RÔTI
BOISSON
CAFÉINE
CRÈME
FILTRE
SAVEUR

LAIT
LIQUIDE
MOUDRE
MATIN
NOIR
ORIGINE
PRIX
TASSE
VARIÉTÉ
SUCRE

23 - Uccelli

```
A  P  J  P  Y  H  Q  Y  Y  A  D  F  L  A  F  A
V  É  I  E  I  O  É  J  E  L  X  T  D  P  H  P
A  L  C  R  N  E  D  R  L  S  P  I  G  E  O  N
U  I  A  R  U  O  C  U  O  C  I  G  O  G  N  E
T  C  N  O  A  P  K  G  W  N  T  Z  V  H  R  B
R  A  A  Q  V  T  U  U  X  Q  Y  J  T  O  U  M
U  N  R  U  M  O  I  N  E  A  U  T  Z  H  Q  O
C  M  D  E  M  U  E  Q  W  V  Z  O  S  S  M  L
H  B  O  T  N  A  M  A  L  F  J  U  K  K  H  O
E  A  P  U  O  A  N  V  N  U  Q  C  B  J  V  C
C  J  Y  Q  E  L  T  C  Q  E  K  A  P  X  F  J
A  I  G  L  E  T  L  Z  H  O  W  N  U  F  B  D
J  I  O  M  B  J  T  D  W  O  F  M  B  A  D  J
V  F  F  R  K  Z  S  E  T  S  T  E  L  U  O  P
U  Q  Z  E  I  I  R  N  U  H  K  W  S  B  B  H
C  J  T  O  C  Y  G  N  E  Q  V  X  R  A  Q  B
```

HÉRON	PERROQUET
CANARD	MOINEAU
AIGLE	PAON
CIGOGNE	PÉLICAN
CYGNE	PIGEON
COLOMBE	MANCHOT
COUCOU	POULET
FLAMANT	AUTRUCHE
MOUETTE	TOUCAN
OIE	OEUF

24 - Giorni e Mesi

```
N F W O N H Z U K Y P B O F K M
M O Y Z X M F M J U I N O S P A
I P V U P O A H Q N M P I N N B
N N A E Q E H R I R B R R G F T
G X Y N M R S I D E M A S P D D
D M P I M B N L N I A N N É E É
W U H A F O R T U R T Û O A R C
X S U M L T I E L D E I Q T B E
U Q C E M C I S P N L D V W M M
O Q R S S O X S R E L E E Z E B
F É V R I E R Y X L I R V A T R
R M E R C R E D I A U D R M P E
C N I I Z Q P F U C J N V E E L
D I M A N C H E G W R E R M S B
O P X V Q P S M C I L V W Q Y C
S D J A N V I E R N E A N P V E
```

AOÛT
ANNÉE
AVRIL
CALENDRIER
DÉCEMBRE
DIMANCHE
FÉVRIER
JANVIER
JUIN
JUILLET

LUNDI
MARDI
MERCREDI
MOIS
NOVEMBRE
OCTOBRE
SAMEDI
SEPTEMBRE
SEMAINE
VENDREDI

25 - Casa

```
P  L  H  N  G  G  C  B  Q  Z  Q  T  Z  X  A  B
L  U  N  C  I  A  L  A  B  X  D  K  K  L  Z  I
A  D  Y  H  Q  R  I  O  R  I  M  N  J  Z  C  B
F  J  S  E  Q  A  S  U  S  I  P  A  T  M  D  L
O  A  P  M  A  G  L  A  M  P  E  X  I  Z  Y  I
N  R  O  I  K  E  R  U  T  Ô  L  C  O  Q  G  O
D  D  R  N  B  H  N  A  F  E  N  Ê  T  R  E  T
R  I  T  É  S  C  W  I  M  U  K  Y  E  X  R  H
Z  N  E  E  Q  U  R  H  S  J  Q  D  N  R  B  È
M  I  D  G  W  O  W  O  Z  I  E  F  I  O  M  Q
M  P  U  A  M  D  D  U  J  F  U  G  B  N  A  U
B  U  G  R  E  N  I  E  R  B  U  C  O  V  H  E
V  E  R  Z  V  W  L  N  T  U  Y  D  R  Z  C  X
A  O  I  R  C  A  S  S  J  Z  L  L  Q  W  O  O
X  L  R  Q  C  P  J  B  X  E  V  M  S  W  B  F
F  L  G  J  V  M  Z  O  M  I  H  L  P  O  R  L
```

GRENIER	MUR
BIBLIOTHÈQUE	SOL
CHAMBRE	PORTE
CHEMINÉE	CLÔTURE
CUISINE	ROBINET
DOUCHE	BALAI
FENÊTRE	PLAFOND
GARAGE	MIROIR
JARDIN	TAPIS
LAMPE	TOIT

26 - Fantascienza

```
T  K  D  W  P  F  S  M  V  T  U  C  C  K  M  G
K  E  L  C  A  R  O  E  F  T  X  Z  A  A  Y  A
G  T  C  N  M  V  W  W  V  R  X  Z  G  Z  S  L
E  È  B  H  É  J  B  L  T  G  F  U  Q  N  T  A
X  N  R  L  N  O  I  S  O  L  P  X  E  I  É  X
T  A  N  I  I  O  A  T  O  M  I  Q  U  E  R  I
R  L  Z  Y  C  Z  L  F  R  V  V  I  Q  T  I  E
Ê  P  Y  H  B  M  E  O  N  N  U  M  I  S  E  U
M  U  V  W  S  I  T  T  G  O  R  A  T  I  U  T
E  D  S  S  Z  P  S  F  N  I  D  G  S  L  X  O
D  Y  S  T  O  P  I  E  E  S  E  I  A  A  O  P
N  O  E  O  V  N  R  C  S  U  L  N  T  É  F  I
O  X  R  B  I  M  U  I  P  L  M  A  N  R  D  E
M  U  V  O  L  T  T  H  R  L  Z  I  A  A  V  N
F  I  I  R  Z  P  U  V  J  I  Q  R  F  K  I  E
E  E  L  V  I  Q  F  C  C  A  E  E  S  V  B  N
```

ATOMIQUE
CINÉMA
DYSTOPIE
EXPLOSION
EXTRÊME
FANTASTIQUE
FEU
FUTURISTE
GALAXIE
ILLUSION

IMAGINAIRE
LIVRES
MYSTÉRIEUX
MONDE
ORACLE
PLANÈTE
RÉALISTE
ROBOTS
TECHNOLOGIE
UTOPIE

27 - Fattoria #1

```
M  C  E  R  S  C  H  A  M  P  T  H  G  U  W  G
Z  L  S  E  F  C  J  O  N  O  N  H  R  W  H  S
E  Ô  H  O  C  O  C  H  O  N  Z  B  A  O  J  L
A  T  R  S  M  A  X  Y  L  E  L  L  I  E  B  A
U  U  A  E  V  H  F  I  Q  R  N  I  Z  Z  W  V
S  R  P  E  V  I  C  Z  S  V  E  G  X  E  S  E
A  E  M  G  J  D  T  I  W  È  M  S  R  T  A  H
F  O  I  N  T  C  C  R  C  H  T  L  F  A  N  C
B  F  P  U  E  F  U  K  O  C  F  P  Z  V  I  H
Z  R  J  O  I  Y  U  O  O  U  X  Z  Â  N  E  S
C  J  G  D  U  Z  A  E  B  C  P  Z  Y  M  H  E
H  M  V  X  J  L  E  I  M  H  N  E  I  H  C  U
A  S  A  Q  K  S  E  N  I  A  R  G  A  N  Y  X
T  R  C  C  M  A  L  T  K  T  J  O  C  U  B  I
G  Y  H  A  G  R  I  C  U  L  T  U  R  E  F  R
G  L  E  W  N  T  C  H  I  D  I  O  T  U  P  M
```

EAU

AGRICULTURE

ABEILLE

ÂNE

CHAMP

CHIEN

CHÈVRE

CHEVAL

ENGRAIS

FOIN

CHAT

TROUPEAU

COCHON

MIEL

VACHE

POULET

CLÔTURE

RIZ

GRAINES

VEAU

28 - Psicologia

```
N S R S G K G O L Q Y E T É É B
P E R C E P T I O N I N H M V R
B C U H F C Z Q W O D F É O A U
N N B Q G P X L Y I É A R T L R
T E T L I A C W Y T E N A I U R
P I E E B N L Z Q A S C P O A E
U R X X I Q I C Z S K E I N T N
M É W T B T I L F N O C E S I D
D P X V D B A F C E A B J M O E
O X R É A L I T É S U B Y C N Z
Q E N F G Q D S P E N S É E S V
P R O B L È M E B O E V J B Y O
C O M P O R T E M E N T E D L U
P E R S O N N A L I T É F G R S
C O G N I T I O N T K B N I O O
N I N C O N S C I E N T Q H B Z
```

RENDEZ-VOUS
CLINIQUE
COGNITION
COMPORTEMENT
CONFLIT
EGO
ÉMOTIONS
EXPÉRIENCES
IDÉES
INCONSCIENT

ENFANCE
PENSÉES
PERCEPTION
PERSONNALITÉ
PROBLÈME
RÉALITÉ
SENSATION
THÉRAPIE
ÉVALUATION

29 - Paesaggi

```
G S H E U K Y S G F U V T C L C
H L O H Q Q H A G G B M O A H N
Q A A O L J Y V Z C R Y U S G P
O B P C P I Y Q E Q F Z N C Î M
Z B G Q I Q J G F O F W D A L T
P L R K I E N I L L O C R D E P
Q A O T P T R E S É D A A E Q T
L C T G Q R E L R I M A R A I S
M Z T J U S S U W T S P L A G E
B O E U H D Y S M A N A C L O V
P K N R P H E N A É C O O B Y U
A I A T S A G I R L H A T P M E
A Y N D A B S N M W A K P V U L
L T W N Y G D É N X A A Q Q L F
U C G X O P N P V A L L É E I C
I C E B E R G E M E R M I Z D Z
```

CASCADE	MER
COLLINE	MONTAGNE
DÉSERT	OASIS
FLEUVE	OCÉAN
GEYSER	MARAIS
GLACIER	PÉNINSULE
GROTTE	PLAGE
ICEBERG	TOUNDRA
ÎLE	VALLÉE
LAC	VOLCAN

30 - Energia

```
F J W N I L P E N T R O P I E W
C P U J Q J O H C H A L E U R D
R O F W S R L C Y A M I G S K O
Z G P I X K L B A D M O T E U R
K L E O O L U A P R R U F G G F
V A P E U R T T H H B O T J V F
C I Q U W F I T J D O U G U S M
A N L Q E F O E S R N T R È W J
R D T I C M N R V E N T O A N S
B U U R E H W I E D G X T N N E
O S R T K Q L E C Y A D G B H T
N T B C N L F J N O R T C E L É
E R I E L B A L E V U O N E R N
O I N L F H L E S E I D H N M D
A E E É G B P H S K O A Q T I C
E N V I R O N N E M E N T V K L
```

ENVIRONNEMENT
BATTERIE
ESSENCE
CHALEUR
CARBONE
CARBURANT
DIESEL
ÉLECTRIQUE
ÉLECTRON
ENTROPIE

PHOTON
HYDROGÈNE
INDUSTRIE
POLLUTION
MOTEUR
RENOUVELABLE
TURBINE
VAPEUR
VENT

31 - Ristorante #2

```
U  V  Y  J  S  E  R  V  E  U  R  F  G  O  W  B
H  F  F  Y  K  I  C  W  S  J  F  R  H  T  L  Z
Z  D  C  X  E  M  M  M  I  A  H  U  O  A  D  T
J  É  E  Q  A  F  E  C  A  L  G  I  E  F  M  E
P  L  Z  Q  J  F  A  U  H  É  D  T  U  Z  X  I
L  I  N  I  M  Q  U  M  C  J  P  Î  F  C  E  N
V  C  G  R  E  N  U  E  J  É  D  I  N  D  R  L
F  I  A  I  T  O  I  S  M  Q  R  J  C  E  A  É
Z  E  P  D  T  S  R  E  K  W  E  F  S  E  R  G
M  U  É  D  E  S  N  L  A  Y  L  V  A  R  S  U
P  X  R  H  H  I  G  Â  T  E  A  U  L  È  F  M
U  T  I  F  C  O  X  S  I  O  J  U  A  L  Q  E
O  M  T  G  R  B  E  R  O  K  M  L  D  L  G  S
V  V  I  X  U  P  L  V  F  U  Q  Y  E  I  N  Y
J  L  F  P  O  I  S  S  O  N  P  G  V  U  H  R
U  Y  P  H  F  G  L  P  R  C  T  E  Q  C  L  M
```

EAU	SALADE
APÉRITIF	SOUPE
BOISSON	POISSON
SERVEUR	DÉJEUNER
DÎNER	SEL
CUILLÈRE	CHAISE
DÉLICIEUX	ÉPICES
FOURCHETTE	GÂTEAU
FRUIT	OEUF
GLACE	LÉGUMES

32 - Moda

```
C D Z M M C Q P B X Z S H Y X P
V H Z B N Q M F I J A O N V A T
Ê V E U Q I T A R P H P T T T I
T V N R M N G N V A A H D B I B
E O R T E N D A N C E I E O S O
M W E I R E D O R B D S N U S U
E K D X L C S T S V Z T T T U T
N J O H T I R Z N Z R I E I S O
T I M G O L C D N A V Q L Q I N
S T E X T U R E W W G U L U M S
C O N F O R T A B L E É E E P S
S P I Y M D C Z N O L O L F L Z
B T E E N K C L M D È G K É E Y
L W Y N X D Q Q T E D A Q F F T
M Z O L A N I G I R O E Y Z L J
Z R Q B E T S E D O M I T N V P
```

VÊTEMENTS
BOUTIQUE
CHER
CONFORTABLE
ÉLÉGANT
MODÈLE
MODERNE
MODESTE
ORIGINAL
DENTELLE

PRATIQUE
BOUTONS
BRODERIE
SIMPLE
SOPHISTIQUÉ
STYLE
TENDANCE
TISSU
TEXTURE

33 - Giardino

```
F U F L M G X Z F L E U R I E X
S H M I I G V Z S D I R A P R X
B T R S W S C A R B R E B R E H
B Q U T B M P Y H J J F P C K J
P O R C H E N I L O P M A R T F
É T X J P E L L E C L Ô T U R E
T U T E R R A S S E B V J U N F
A Y H U P V I E J B U E A X A M
N A L S E E K E V D I R U V L L
G U F X L O S S H N S G T F E G
L P O R O V J L T I S E N G I V
C N G I U F A U B E O R K A I T
B A N C S Z W B K K N I D R A J
A W M Y E R Â T E A U P O A Q C
I L I A F I T W G O V J Y G H I
W X V G H T Y G R J L V D E J K
```

ARBRE
HAMAC
BUISSON
HERBE
FLEUR
VERGER
GARAGE
JARDIN
PELLE
BANC

PORCHE
PELOUSE
RÂTEAU
CLÔTURE
ÉTANG
SOL
TERRASSE
TRAMPOLINE
TUYAU
VIGNE

34 - Riscaldamento Globale

```
R G V L B C C Z Z Y H A M Q P A
E K Y J X D L K X E L T A W O R
Q C A N O A A I O E S T I V P C
Q F H W Y Y N A M Z Y E N G U T
H D Z O X H O U F A V N T X L I
F N Y I V R I D T G T T E L A Q
M O B E I R T S U D N I N Z T U
Y I P X V V A G O D G O A U I E
H T K N D G N T W O M N N Y O S
T A C G U M R N D L J S T G N I
M L B X H D E I G R E N É F S R
Y S I I X G T R O D R U J U K C
T I X F T U N D B U J Y D T C D
Z G Y D S A I K V A S Q U U W H
R É S N O I T A R É N É G R X X
X L H P I U I S E É N N O D B E
```

ARCTIQUE
ATTENTION
CLIMAT
CRISE
DONNÉES
ÉNERGIE
FUTUR
GAZ

GÉNÉRATIONS
HABITATS
INDUSTRIE
INTERNATIONAL
LÉGISLATION
MAINTENANT
POPULATIONS

35 - Frutta

```
R A K T W T P C E O P I A C E D
A L V P Y Y Ê D D B B J B E B F
I P H O I X C K C P D H R R D P
S S L W C V H X O J S G I I E R
I D D N S A E Y A P A P C S K J
N P Y Z H W T N D C R H O E Z E
M Y A X P W F S X Q S C T R V S
M Û L M X X A X Q B U B K I W I
E Y R A N A N A S I Q F A F E O
L H T E U G N A M T V L H I V B
O B G G Y X D Q C I T R O N E M
N A E N I R A T C E N S F X R A
K N L A U X K V B N C I P U I R
F A A R B E G C W U W D G R O F
H N J O D Z Q N A R S P N L P E
X E M M O P F O S P K Y G R R Y
```

ABRICOT	MANGUE
ANANAS	POMME
ORANGE	MELON
AVOCAT	MÛRE
BAIE	NECTARINE
BANANE	PAPAYE
CERISE	POIRE
KIWI	PÊCHE
FRAMBOISE	PRUNE
CITRON	RAISIN

36 - Fattoria #2

```
V U A V F É L B N K M G M W D N
I U N O I T A G I R R I A I T O
V T I U R F M W N D G H Ï I K U
B S M E P W A I R G O V S B I R
R D A U Z U C R U C H E O K J R
H R U E T L U C I R G A I G H I
W A X D P M O U T O N H E O G T
F N V E R G E R T D U L S P R U
J A I G V A V E E R P L G H J R
W C C N G R H M T G A R V H L E
S G A A T R K U P O R C L N H N
L A B R H L C W R R E E T I T B
C A A G N E A U É G A N B E M X
P A I C N E B S S E Y U A I U S
I P T T B Z L C X E L E T D T R
X T R N K H N U F I A V X D U Y
```

AGNEAU
AGRICULTEUR
RUCHE
CANARD
ANIMAUX
NOURRITURE
GRANGE
FRUIT
VERGER
BLÉ

IRRIGATION
LAMA
LAIT
MAÏS
OIES
ORGE
BERGER
MOUTON
PRÉ
TRACTEUR

37 - Musica

```
P O É T I Q U E U Q I R Y L C B
H H A R M O N I Q U E E V R H A
Q B G N S Y G Z M E J T O Y A L
J A R E I D X G G F U N C T N L
S L F W E G Y N G X D A A H T A
X B M Y M É L O D I E H L M E D
I U F A C K G U C B U C H E U E
N M E N O H P O R C I M L S R I
S P U Y P M Œ H K N N K X Q N N
T E Q J M T M U J W R E R N C O
R B I I E P U I R E U U V G W M
U P M V T J S F H L U T Y O R R
M A H E U Q I S S A L C W C J A
E H T N E I C I S U M K B T R H
N M Y D F O A R É P O K J W N R
T F R F W Y L Q R Q W X Z G T R
```

ALBUM	MICROPHONE
HARMONIE	MUSICAL
HARMONIQUE	MUSICIEN
BALLADE	OPÉRA
CHANTEUR	POÉTIQUE
CHANTER	RYTHMIQUE
CLASSIQUE	RYTHME
CHŒUR	INSTRUMENT
LYRIQUE	TEMPO
MÉLODIE	VOCAL

38 - Barbecue

```
S  Y  D  U  Z  V  H  D  É  J  E  U  N  E  R  S
W  S  Î  R  D  C  N  V  S  G  F  W  H  C  R  A
S  N  N  A  T  N  J  E  U  X  A  C  P  U  B  L
I  O  E  P  O  I  V  R  E  T  M  J  W  K  Y  A
M  N  R  J  Z  O  X  L  A  C  I  E  S  G  P  D
K  G  V  Z  D  M  W  W  Z  T  L  C  C  É  M  E
J  I  D  I  J  S  O  E  X  S  L  R  E  L  T  S
O  O  H  E  T  P  S  M  K  C  E  Y  W  H  G  É
R  U  N  B  P  A  E  C  O  U  T  E  A  U  X  G
G  R  I  L  O  F  T  S  D  R  B  C  G  E  B  T
K  U  O  E  U  Z  A  I  Q  U  W  U  P  T  A  F
Y  Z  I  S  L  V  M  I  O  C  H  A  U  D  V  R
M  R  L  T  E  H  O  R  M  N  G  S  U  J  W  U
J  C  N  W  T  I  T  D  H  N  O  B  D  S  T  I
N  O  U  R  R  I  T  U  R  E  W  B  F  R  U  T
M  U  S  I  Q  U  E  F  H  I  X  U  T  P  O  S
```

CHAUD	GRIL
DÎNER	SALADES
NOURRITURE	INVITATION
OIGNONS	MUSIQUE
COUTEAUX	POIVRE
ÉTÉ	POULET
FAIM	TOMATES
FAMILLE	DÉJEUNER
FRUIT	SEL
JEUX	SAUCE

39 - Riempire

```
K Q V D J Z N K C L W S J G U A
G V A G D J J U A E S F A Y P E
H D S S W G A W R H M Y P C Y V
N S E S S I A C T C T C C I M I
I A P S L B S R O O E A O D K B
S E V R G U N Z N P W E B U T A
S N J I G H E W I H S L I I V R
A V I L R X V X S D W L A K A I
B E P A E E R I O N G I A B L L
Q L S W I T E U Q A P E Y F I V
X O T N N Î I J S T P T P H S Y
P P O N A O S R Y O Y U B J E G
T P Z H P B S Z O Y P O P K G D
X E E O K E O F Z I P B X O C Q
Q P U V Q F D J Q R R I E T M M
D P L A T E A U S H O H U Z Y S
```

BASSIN
BARIL
SAC
BOUTEILLE
ENVELOPPE
DOSSIER
CARTON
CAISSE
TIROIR
PANIER

NAVIRE
PAQUET
BOÎTE
SEAU
POCHE
TUBE
VALISE
BAIGNOIRE
VASE
PLATEAU

40 - Insetti

```
S M O Q S M Q N U H P P U C M N
C O U E C W Q K V T C U F R T B
A U L A R V E F Z P M C O I T V
R C Y N C A F A R D Z E U Q G O
A H A O P O A D F C N R R U U A
B E L L E N I C C O C O M E R W
É R P L H W B Y Y Z M N I T S K
E O O I U H X P E R M N S D A L
Q N Q P F R E L O N A M F F U I
C I G A L E L C B W N C G C T B
J K T P R V L F U L T F M O E E
N W W O J Q I D E P E M B V R L
I A P S I O E T I M R E T R E L
G U Ê P E W B C A Y G E S H L U
D N J D I M A P X J H Q F Y L L
M O U S T I Q U E Q R U X O E E
```

PUCERON
ABEILLE
FRELON
SAUTERELLE
CIGALE
COCCINELLE
SCARABÉE
PAPILLON
FOURMI
LARVE

LIBELLULE
CRIQUET
MANTE
MOUCHERON
PUCE
CAFARD
TERMITE
VER
GUÊPE
MOUSTIQUE

41 - Fisica

```
É  L  E  C  T  R  O  N  K  A  G  V  M  C  N  F
Z  U  G  Y  Z  U  V  I  T  E  S  S  E  H  U  R
B  T  H  I  S  E  D  E  N  S  I  T  É  I  C  É
L  D  Q  W  K  T  A  U  G  Y  A  A  T  M  L  Q
H  Q  P  K  B  O  T  T  D  A  U  C  I  I  É  U
E  O  S  U  M  M  B  I  O  R  Z  C  V  Q  A  E
M  É  C  A  N  I  Q  U  E  M  C  É  I  U  I  N
S  O  A  H  C  E  Y  Y  Y  T  E  L  T  E  R  C
I  R  M  Q  X  H  B  D  D  M  D  É  A  X  E  E
T  Z  N  O  I  S  N  A  P  X  E  R  L  M  A  L
É  Q  P  W  L  M  J  L  B  O  A  A  E  Z  Q  U
N  J  I  C  G  É  E  L  U  C  I  T  R  A  P  M
G  J  G  M  Z  A  C  F  J  W  R  I  J  W  P  R
A  A  E  L  U  Y  W  U  B  S  M  O  T  F  I  O
M  G  R  A  V  I  T  É  L  X  H  N  I  R  W  F
P  O  W  M  R  L  E  S  R  E  V  I  N  U  U  O
```

ACCÉLÉRATION
ATOME
CHAOS
CHIMIQUE
DENSITÉ
ÉLECTRON
EXPANSION
FORMULE
FRÉQUENCE
GAZ

GRAVITÉ
MAGNÉTISME
MÉCANIQUE
MOLÉCULE
MOTEUR
NUCLÉAIRE
PARTICULE
RELATIVITÉ
UNIVERSEL
VITESSE

42 - Agronomia

```
G R A I N E S D N T W E B K X M
E A U É T U D E O L A R U R E Y
U N G H Z E N I Y C E U W O U P
N C D R Q C R A G V Q T N K Q B
O K S A M E G U É C O L O G I E
F U K L X P Z I G S H U I E N C
M D K É N E R G I E Q C T N A N
P R O D U C T I O N J I U G G A
R E C H E R C H E K N R L R R S
É C Y F U W I U P I M G L A O S
R N H S Y S T È M E S A O I N I
O E R U T I R R U O N I P S F O
S I E N V I R O N N E M E N T R
I C S O L J V H F K E D V J B C
O S E I D A L A M U W B I Q V J
N M N N Z V U W U G P U S A I P
```

EAU
AGRICULTURE
ENVIRONNEMENT
NOURRITURE
CROISSANCE
ÉCOLOGIE
ÉNERGIE
ÉROSION
ENGRAIS
POLLUTION

MALADIES
ORGANIQUE
PRODUCTION
RECHERCHE
RURAL
SCIENCE
GRAINES
SYSTÈMES
ÉTUDE
SOL

43 - Erboristeria

```
I K U G R O Q X L Z H S O J P Q
N O T K E K M Q K Y C K I A N U
O J D J L G T D R T X H T R I A
G P H G B L I O W T K S Y D Z L
A N K H M N T Q E X C H D I P I
R U E L F O R K N X U F G N R T
T O C Z L E U Q I T A M O R A É
S H M B I F V C A N H U R C S O
E T Y A S G E U L E V E I L A X
J E G M R E R L O I H S G D F Y
M N L J E I T I J D A T A E R W
Q A P S P B N N R É I D N X A K
G J U H G T W A A R L F F E N A
L A V A N D E I M G U Y F V M L
R K K O I B Z R B N D M N I Y I
F E N O U I L E C I L I S A B P
```

AIL	LAVANDE
ANETH	MARJOLAINE
AROMATIQUE	MENTHE
BASILIC	ORIGAN
CULINAIRE	PERSIL
ESTRAGON	QUALITÉ
FENOUIL	ROMARIN
FLEUR	THYM
JARDIN	VERT
INGRÉDIENT	SAFRAN

44 - Danza

```
S F X V N O I T O M É T C E E I
G R L V A X N N Z J L S O I M K
P C U L T U R E C Â R G R H E W
S A O Z Z E S M E O E A P P G A
A R R F G Y V E U Q I S S A L C
U Y O T I O V V Q V M X Y R E X
T T H R E J Z U I I É T V G R S
W H F E É N V O S S D G U É U B
G M I I I P A M U U A G K R T O
I E U M S B É I M E C B E O L P
N T D A Q S K T R L A X C H U A
X U H V R M E U I E W G Y C C R
X I M K N X E R U T S O P F J T
O T G L L N N J P Y I A T S M C
L Q B L K I E P L X Y O Y T J B
T R A D I T I O N N E L N A C J
```

ACADÉMIE
ART
CLASSIQUE
PARTENAIRE
CHORÉGRAPHIE
CORPS
CULTURE
CULTUREL
ÉMOTION
EXPRESSIF

JOYEUX
GRÂCE
MOUVEMENT
MUSIQUE
POSTURE
RÉPÉTITION
RYTHME
SAUT
TRADITIONNEL
VISUEL

45 - Biologia

```
W  O  S  X  L  P  S  R  I  V  Z  Y  I  L  P  S
V  S  S  E  D  S  N  X  E  L  N  M  J  B  R  Y
E  V  U  M  S  W  C  O  I  P  Y  N  N  D  O  M
M  C  I  A  O  A  T  E  M  E  T  O  J  J  T  B
O  E  N  T  R  S  E  M  O  M  B  I  M  D  É  I
S  V  L  I  E  I  E  Y  T  B  A  T  L  H  I  O
O  K  D  X  G  L  Z  Z  A  R  C  U  S  E  N  S
M  U  T  A  T  I  O  N  N  Y  T  L  Y  N  E  E
O  C  E  L  L  U  L  E  A  O  É  O  N  È  N  R
R  D  A  C  C  N  Y  N  A  N  R  V  A  G  A  È
H  N  G  C  O  S  E  O  D  R  I  É  P  A  T  F
C  Q  U  R  W  T  G  R  F  Q  E  O  S  L  U  I
U  G  A  H  J  U  E  U  F  M  S  D  E  L  R  M
H  O  R  M  O  N  E  E  K  J  E  W  J  O  E  M
B  L  K  R  H  Q  M  N  E  R  X  S  S  C  L  A
P  H  O  T  O  S  Y  N  T  H  È  S  E  Q  E  M
```

ANATOMIE
BACTÉRIES
CELLULE
COLLAGÈNE
CHROMOSOME
EMBRYON
ENZYME
ÉVOLUTION
PHOTOSYNTHÈSE
MAMMIFÈRE

MUTATION
NATUREL
NERF
NEURONE
HORMONE
OSMOSE
PROTÉINE
REPTILE
SYMBIOSE
SYNAPSE

46 - Attività Commerciale

```
R  R  P  R  O  F  I  T  V  V  U  I  A  N  W  M
K  Y  E  U  Q  I  T  U  O  B  T  B  C  S  A  P
U  B  M  V  R  É  D  U  C  T  I  O  N  T  X  Q
S  Y  Q  Z  E  S  I  V  E  D  Z  T  U  O  Q  V
Z  S  C  L  G  N  E  A  C  W  P  L  N  P  V  O
B  U  R  E  A  U  U  E  M  P  L  O  Y  E  U  R
E  N  T  R  E  P  R  I  S  E  É  U  S  I  N  E
F  P  W  E  S  I  D  N  A  H  C  R  A  M  F  N
V  I  B  S  G  P  P  B  É  Y  O  L  P  M  E  W
S  R  N  G  H  D  D  E  Z  U  N  C  Q  O  G  Q
M  B  S  A  S  Z  U  M  D  E  O  V  E  N  T  E
V  Y  K  S  N  A  X  B  X  S  M  J  H  G  C  C
J  A  Z  P  C  C  U  E  R  È  I  R  R  A  C  O
A  R  G  E  N  T  E  R  G  D  E  T  I  V  E  Û
Q  R  E  U  W  N  R  I  M  P  Ô  T  S  K  J  T
U  C  C  T  R  A  N  S  A  C  T  I  O  N  X  D
```

BUDGET
CARRIÈRE
COÛT
EMPLOYEUR
EMPLOYÉ
ÉCONOMIE
USINE
FINANCE
MARCHANDISE
BOUTIQUE

PROFIT
REVENU
RÉDUCTION
ENTREPRISE
ARGENT
IMPÔTS
TRANSACTION
BUREAU
DEVISE
VENTE

47 - Fiori

```
T O U R N E S O L P H F P U L L
S E T P D Y A V P G V Z N D A E
N G M F A T E T A A S R D O V P
E H R L I S Z O Q Q V S Q L A D
D E Y L N T S K X D D O R Z N P
K A R I É E N I O V I P T Z D L
O P T L D U I N F E R O S E E U
E R W A R Q M T P L N E D L P M
J P C S A U S R W F O X U A I E
V S D H G O A B R È M R A T L R
K L G F I B J L A R R N E É U I
Z Y D A K D L U S T N S J P T A
U S B K N I É H I B I S C U S U
V D C C M O E E L L I U Q N O J
Z Q A M A G N O L I A T I J C Q
M A R G U E R I T E M M D H Z M
```

GARDÉNIA
JASMIN
LYS
TOURNESOL
HIBISCUS
LAVANDE
LILAS
MAGNOLIA
MARGUERITE
BOUQUET

JONQUILLE
ORCHIDÉE
PAVOT
PASSIFLORE
PIVOINE
PÉTALE
PLUMERIA
ROSE
TRÈFLE
TULIPE

48 - Filantropia

```
P  J  O  L  M  B  R  U  H  G  X  O  V  B  F  O
X  B  O  V  S  I  D  P  Q  O  L  K  Y  I  O  F
B  G  O  E  E  Q  S  I  F  É  D  O  U  O  N  C
N  É  T  Y  M  M  W  S  N  E  G  F  B  T  D  O
H  N  K  U  M  K  O  F  I  Q  S  E  L  A  S  N
V  É  C  H  A  R  I  T  É  O  M  K  K  M  L  T
K  R  X  I  R  É  T  E  T  Ê  N  N  O  H  U  A
Q  O  F  P  G  S  E  P  U  O  R  G  W  W  X  C
Y  S  I  J  O  W  S  Y  A  B  E  S  O  I  N  T
Y  I  N  C  R  Z  S  B  N  E  C  W  I  O  J  S
S  T  A  R  P  T  E  M  U  U  D  Q  L  V  J  T
R  É  N  É  T  I  N  A  M  U  H  Y  K  L  I  N
Y  D  C  I  L  B  U  P  M  H  V  E  P  V  F  A
A  K  E  O  V  S  E  C  O  I  V  L  E  U  Y  F
H  G  A  I  T  P  J  M  C  T  S  U  A  U  P  N
H  I  S  T  O  I  R  E  W  V  B  U  T  S  M  E
```

ENFANTS	GROUPES
BESOIN	MISSION
CHARITÉ	BUTS
COMMUNAUTÉ	HONNÊTETÉ
CONTACTS	GENS
FINANCE	PROGRAMMES
FONDS	PUBLIC
GÉNÉROSITÉ	DÉFIS
JEUNESSE	HISTOIRE
GLOBAL	HUMANITÉ

49 - Ecologia

```
V Q B T H U B O P P Q Z O B G L
T A T I B A H R C M K E U Z I F
I R R W E B C M P I B D B U I H
G H P I C O M M U N A U T É S U
F F R U É N A T U R E C È P S E
M A R I N T J G U S U R V I E V
R S U E Z S É M Z W X P H I H É
V E S S E R E H C É S L L K Q G
A T S Z T C É T I S R E V I D É
R N F S I A R A M F P T B L A T
B A T S O J E M F A U N E L C A
F L O R E U N I Q N H B L G W T
V P W B X V R L E R U T A N L I
G L O B A L B C U H K N F P I O
D T U N V V M Q E L B A R U D N
B É N É V O L E S S O B W B U A
```

CLIMAT
COMMUNAUTÉS
DIVERSITÉ
FAUNE
FLORE
GLOBAL
HABITAT
MARIN
NATURE
NATUREL

MARAIS
PLANTES
RESSOURCES
SÉCHERESSE
SURVIE
DURABLE
ESPÈCE
VARIÉTÉ
VÉGÉTATION
BÉNÉVOLES

50 - Discipline Scientifiche

```
P H Y S I O L O G I E A Y I E B
T N G S K P I N E A E S E W I I
K T C P E S B E I I I T I G G O
Z H I I U Y A U G N G R G H O L
Z M E T Q C H R O A O O O A L O
O E I M I H C O L R L N L N O G
K U G H N O H L A C O O O O C I
B Q O E A L X O R H N M R I É E
T I L B T O E G É É U I O T P G
K N O G O G G I N O M E É I T R
D A I C B I G E I L M J T R J A
S C C Q H E R A M O I C É T A K
T É O V E I O K P G K R M U N C
J M S Z H E M W S I L L M N P F
P R S U P H D I C E L H P S R A
Z O O L O G I E E I M O T A N A
```

ANATOMIE
ARCHÉOLOGIE
ASTRONOMIE
BIOCHIMIE
BIOLOGIE
BOTANIQUE
CHIMIE
ÉCOLOGIE
PHYSIOLOGIE
GÉOLOGIE

IMMUNOLOGIE
MÉCANIQUE
MÉTÉOROLOGIE
MINÉRALOGIE
NEUROLOGIE
NUTRITION
PSYCHOLOGIE
SOCIOLOGIE
ZOOLOGIE

51 - Scienza

```
B M M P P A R T I C U L E S C L
R O A I H A F W Z I E Z A B H A
E L W T N Y E O C L I M A T I B
M É P Y O É S E É N N O D E M O
S C A T T M R I H U J W T F I R
I U C K A D E A Q K R E D A Q A
N L I B Y A U K U U K S M M U T
A E R U T A N N F X E È X O E O
G S T Z G V E O M É T H O D E I
R N P G R A V I T É B T H S L R
O B S E R V A T I O N O L R I E
M C H H S T N U A R S P E Z S V
W S C U Y C E L F Q M Y I M S T
F N L F M N S O Q H F H X N O J
G T S I K U Q V A I V A K D F T
M E C N E I R É P X E Z X P L J
```

ATOME
CHIMIQUE
CLIMAT
DONNÉES
EXPÉRIENCE
ÉVOLUTION
FAIT
PHYSIQUE
FOSSILE
GRAVITÉ

HYPOTHÈSE
LABORATOIRE
MÉTHODE
MINÉRAUX
MOLÉCULES
NATURE
ORGANISME
OBSERVATION
PARTICULES

52 - Imbarcazioni

```
F B N D O O J A Y R R E F O O B
C L C M E S J S A U F O U P E Z
C A E I I O C B C E B O U É E P
Y K N U I B X C H T P Y V H R H
H F I O V S F R T O O B W V F N
S E R M Ë E E I L M P O C É A N
Q N A W X U Y P C D A L U R B K
L A M L F G F P B V B O W C D H
S U A E D A R B U N I R I E M F
N T Q C N V K A Y A K R A D E Z
S I L C Z P D H A N C R E A Z V
U Q W T Â M T I F Z N C D F G L
A U W O U P E É R A M C R Q L A
P E L O K G S R E I L I O V K C
K R É Q U I P A G E I S C Q V R
T Q D F E D K G V U Z D Q E S K
```

MÂT	MER
ANCRE	MARÉE
VOILIER	MARIN
BOUÉE	MOTEUR
CANOË	NAUTIQUE
CORDE	OCÉAN
ÉQUIPAGE	VAGUES
FLEUVE	FERRY
KAYAK	YACHT
LAC	RADEAU

53 - Chimica

```
U R H H Z C H P Z N J B V K É N
T K Q A Y Z A G I X V U A O L U
U O X N C D T T B F G D E X E C
X T M U H I R J A X N X P Y C L
Z Q S H B K D O I L I R W G T É
A L C A L I N E G M Y E O È R A
M K P D N B J N H È S S Q N O I
E N O B R A C E G C N Y E E N R
D M I V U G C D Q Z O E T U E E
I O D O E Z A T O M I Q U E R E
U L S U L O R G A N I Q U E O N
Q É D X A U Z N N H U I I A L Z
I C K A H R E Z Q U G S E L H Y
L U A W C O Q M H M U T N L C M
U L V X Q Y J U G B J I X X R E
Y E R U T A R É P M E T A G B K
```

ACIDE
ALCALIN
ATOMIQUE
CHALEUR
CARBONE
CATALYSEUR
CHLORE
ÉLECTRON
ENZYME
GAZ

HYDROGÈNE
ION
LIQUIDE
MOLÉCULE
NUCLÉAIRE
ORGANIQUE
OXYGÈNE
POIDS
SEL
TEMPÉRATURE

54 - Api

```
N E O R X G F I M E B Z A T D F
B I P Y L M J J V H Z K D R I L
N O U R R I T U R E R I C U V E
D E E E D A I C Z U V X W C E U
T M L P H S U L N Q R I E H R R
C J E L J S R T G I D D A E S S
P A I R O E F W B F N I G T I É
H L M Q V P Y F B É C M M C T C
S Y A F U M É E J N A O A E É O
R G S N F L E U R É I K D S D S
R X D G T A I Q L B M D U N J Y
L Q A V B E N I E R I K R I C S
S O L E I L S E L I A A I A B T
H A B I T A T Z H R D Z A A J È
E Y I V Z J K H C F Z S B A V M
C S B R P Q V Q C J P Z M Z N E
```

AILES
RUCHE
BÉNÉFIQUE
CIRE
NOURRITURE
DIVERSITÉ
ÉCOSYSTÈME
FLEURS
FLEUR
FRUIT

FUMÉE
JARDIN
HABITAT
INSECTE
MIEL
PLANTES
POLLEN
REINE
ESSAIM
SOLEIL

55 - Strumenti Musicali

```
G  G  M  B  H  A  R  P  E  Y  M  U  B  P  T  C
U  O  C  B  A  V  M  G  E  B  A  V  C  Q  L  N
I  N  M  W  R  S  L  U  M  B  R  G  F  M  O  S
T  G  I  E  J  I  S  H  R  S  I  X  E  T  Z  N
A  V  F  K  Z  F  Y  O  S  A  M  B  A  N  J  O
R  S  W  N  J  C  P  M  N  X  B  C  X  V  C  I
E  I  M  A  N  K  I  F  N  O  A  E  K  J  L  S
R  O  I  E  S  J  A  L  W  P  L  N  J  I  A  S
K  B  A  E  N  P  N  Û  S  H  Z  O  Q  D  R  U
S  T  L  U  Q  V  O  T  O  O  J  B  I  B  I  C
R  U  O  B  M  A  T  E  I  N  D  M  T  V  N  R
M  A  N  D  O  L  I  N  E  E  R  O  Y  Q  E  E
J  H  T  A  M  B  O  U  R  I  N  R  P  H  T  P
H  T  H  A  R  M  O  N  I  C  A  T  N  X  T  C
T  R  O  M  P  E  T  T  E  S  S  V  S  C  E  I
G  V  I  O  L  O  N  C  E  L  L  E  Z  I  P  B
```

HARMONICA	HAUTBOIS
HARPE	PERCUSSION
BANJO	PIANO
GUITARE	SAXOPHONE
CLARINETTE	TAMBOURIN
BASSON	TAMBOUR
FLÛTE	TROMPETTE
GONG	TROMBONE
MANDOLINE	VIOLON
MARIMBA	VIOLONCELLE

56 - Professioni #2

```
B V P H O T O G R A P H E D J E
X I N Z E V I T C E T É D E A N
A F O Y H P P Y B V Y A Q N R Q
Q F C L P I G I O O W T X T D U
N M L Q O E G X L F R Y D I I Ê
E E H E S G W U X O S Q E S N T
I T W R O J I Q X E T T Q T I E
G S F E L J H S K R X E C E E U
R I B V I J Q M T U Q L E L R R
U L A S H I P R U E H C R E H C
R A U L P D E T S I U G N I L L
I N V E N T E U R N I C E D É M
H R I F A I F N Q É P R H D X L
C U O E S T N A N G I E S N E O
U O K U K E T U A N O R T S A L
K J P E I N T R E I N D E Y I I
```

ASTRONAUTE
BIOLOGISTE
CHIRURGIEN
DENTISTE
DÉTECTIVE
PHILOSOPHE
PHOTOGRAPHE
JARDINIER
JOURNALISTE

INGÉNIEUR
ENSEIGNANT
INVENTEUR
ENQUÊTEUR
LINGUISTE
MÉDECIN
PILOTE
PEINTRE
CHERCHEUR

57 - Letteratura

```
P L U M A B I T U F A E M I R B
N O A J A N A M O R U M É E Y I
I V É P N L A X T B T È T C T O
Y R S T W J Z L X Y E H A M H G
Q O T J I P R P O E U T P R M R
I R F L Q Q P A E G R B H S E A
K P C H K I U W X U I C O P U P
A Q S D X F Q E R M Y E R X G H
A N O S I A R A P M O C E R O I
V O E M È O P O R K M B L D L E
Z I R C A N A L Y S E E Y F A C
X N N Z D J L Y M N N H T O I M
S I E F N O I T P I R C S E D O
Y P G O J W T T R A G É D I E U
S O F K M F J E E H V E O T C B
C O N C L U S I O N R C P O P C
```

ANALYSE

ANALOGIE

ANECDOTE

AUTEUR

BIOGRAPHIE

CONCLUSION

COMPARAISON

DESCRIPTION

DIALOGUE

GENRE

MÉTAPHORE

OPINION

POÈME

POÉTIQUE

RIME

RYTHME

ROMAN

STYLE

THÈME

TRAGÉDIE

58 - Cibo #2

```
F  X  R  Q  V  Z  B  F  Y  A  B  O  B  L  É  I
R  E  I  Z  F  W  I  R  Y  A  O  U  R  T  I  W
O  Q  B  M  M  T  B  P  O  V  R  K  O  V  N  B
M  O  D  E  Z  L  O  I  O  C  C  É  L  E  R  I
A  V  M  N  I  S  I  A  R  U  O  M  P  Y  F  W
G  E  S  I  R  E  C  E  G  R  L  L  R  Z  S  I
E  M  T  A  L  O  C  O  H  C  B  E  I  E  B  K
K  W  M  P  O  M  M  E  T  A  M  O  T  J  S  M
H  X  Z  D  M  A  T  X  N  K  Q  W  D  V  L  N
P  B  A  N  A  N  E  J  H  Q  M  L  W  V  F  Q
N  O  B  M  A  J  V  F  U  Z  S  L  Y  V  Q  Z
E  N  I  G  R  E  B  U  A  F  R  G  B  S  E  L
P  V  M  S  K  P  K  E  Y  H  U  E  F  H  F  B
H  A  B  F  S  R  C  O  E  I  T  P  V  O  F  G
E  W  M  X  N  O  B  F  M  Q  K  L  R  Z  I  X
R  R  D  O  F  A  N  O  N  G  I  P  M  A  H  C
```

BANANE	PAIN
BROCOLI	POISSON
CERISE	POULET
CHOCOLAT	TOMATE
FROMAGE	JAMBON
CHAMPIGNON	RIZ
BLÉ	CÉLERI
KIWI	OEUF
POMME	RAISIN
AUBERGINE	YAOURT

59 - Nutrizione

```
S  M  M  A  T  C  K  Y  O  H  P  X  W  F  L  F
M  A  J  T  Y  J  A  S  A  F  C  U  L  E  I  N
A  R  U  U  G  V  M  L  U  I  J  T  O  R  Q  M
Q  F  N  C  Z  D  E  W  O  O  P  T  Q  M  U  W
W  B  S  A  E  E  O  E  J  R  T  B  K  E  I  T
E  É  R  B  I  L  I  U  Q  É  I  S  R  N  D  X
E  T  È  I  D  E  R  G  U  T  T  E  O  T  E  S
L  I  N  H  W  Q  D  R  O  N  É  N  S  A  S  Y
B  L  U  T  R  F  B  U  G  A  P  I  D  T  S  T
I  A  É  P  I  C  E  S  U  S  P  É  I  I  U  N
T  U  N  U  T  R  I  T  I  F  A  T  O  O  Q  K
S  Q  G  L  U  C  I  D  E  S  L  O  P  N  X  M
E  A  T  Q  C  T  O  X  I  N  E  R  E  M  A  A
M  Z  I  V  I  T  A  M  I  N  E  P  X  H  B  N
O  K  T  N  O  I  T  S  E  G  I  D  I  K  S  S
C  W  V  Y  Q  L  X  I  C  U  A  F  U  W  M  L
```

AMER
APPÉTIT
ÉQUILIBRÉ
CALORIES
GLUCIDES
COMESTIBLE
DIÈTE
DIGESTION
FERMENTATION
LIQUIDES

NUTRITIF
POIDS
PROTÉINES
QUALITÉ
SAUCE
SANTÉ
SAIN
ÉPICES
TOXINE
VITAMINE

60 - Matematica

```
I D F I O V N Q Z C D R T G R P
A R I T H M É T I Q U E R É E O
L L P S E L G N A Q O R I O C L
V J M É I S H R H S A T A M T Y
O S I X R B O G S F C È N É A G
E D A K T I I M P C V M G T N O
I X Z U É Y M U M V J A L R G N
H E P B M L M È G E V I E I L E
N V K O Y H O U T T O D H E E E
Z N O I S I V I D R R A Y O N Z
Y J L X Z A Q V O P E B Z V C I
V O L U M E N O I T A U Q É A G
G V B A N O I T C A R F T H R I
P A R A L L È L E H O N W K R V
C I R C O N F É R E N C E K É C
D É C I M A L R C M Q Q N W K Y
```

ANGLES
ARITHMÉTIQUE
CIRCONFÉRENCE
DÉCIMAL
DIAMÈTRE
DIVISION
ÉQUATION
EXPOSANT
FRACTION
GÉOMÉTRIE

PARALLÈLE
PÉRIMÈTRE
POLYGONE
CARRÉ
RAYON
RECTANGLE
SYMÉTRIE
SOMME
TRIANGLE
VOLUME

61 - Meditazione

```
D P Q G O P J K P J I Z L É E S
G E D E R S S E W K J O J M S I
O R F N D E M L A C U E O O P L
K S S T X É S N A T U R E T R E
F P V I X S K P P A I X N I I N
F E N L C N E F I J B H A O T C
V C O L S E U L D R Y Z W N L E
G T I E P P Q S R J A Z N S Z I
R I T S S T I P W S É T R A L C
A V A S P O S T U R E C I K M M
T E V E Y C U B M O C H P O L E
I G R G C O M P A S S I O N N N
T N E M E V U O M M E B X I V T
U Q S A T T E N T I O N Z X L A
D U B A C C E P T A T I O N V L
E W O Y A M V P H H T Q Y Y G U
```

ACCEPTATION	MOUVEMENT
ATTENTION	MUSIQUE
CALME	NATURE
CLARTÉ	OBSERVATION
COMPASSION	PAIX
ÉMOTIONS	PENSÉES
GENTILLESSE	POSTURE
GRATITUDE	PERSPECTIVE
MENTAL	RESPIRATION
ESPRIT	SILENCE

62 - Elettricità

```
O  F  F  É  A  T  L  F  C  A  N  U  T  É  G  V
L  S  E  Q  L  F  X  J  O  G  É  A  É  Q  I  G
M  E  K  Q  R  E  S  A  L  D  G  I  L  U  F  É
K  R  Y  C  M  O  C  R  T  P  A  M  É  I  U  N
A  M  P  O  U  L  E  T  L  H  T  A  P  P  S  É
R  A  U  B  W  K  I  N  R  V  I  N  H  E  T  R
É  É  Y  L  U  V  R  S  L  I  F  T  O  M  O  A
Y  L  S  W  Q  Q  E  L  B  Â  C  F  N  E  C  T
Q  T  E  E  V  S  T  E  J  B  O  I  E  N  K  E
G  L  P  C  A  J  T  A  U  W  Z  T  E  T  A  U
V  Q  M  S  T  U  A  T  O  E  Z  I  S  N  G  R
B  Z  A  R  F  R  B  R  P  Q  F  S  I  V  E  Y
V  P  L  N  A  T  I  G  C  I  W  O  R  B  I  W
O  A  A  I  A  W  J  Q  I  G  T  P  P  M  X  H
R  U  O  Y  J  M  U  Q  U  F  N  T  L  Z  I  S
Q  U  A  N  T  I  T  É  R  E  R  O  C  F  B  U
```

ÉQUIPEMENT
BATTERIE
CÂBLE
STOCKAGE
ÉLECTRICIEN
ÉLECTRIQUE
FILS
GÉNÉRATEUR
LAMPE
AMPOULE

LASER
AIMANT
NÉGATIF
OBJETS
POSITIF
PRISE
QUANTITÉ
RÉSEAU
TÉLÉPHONE

63 - Antiquariato

```
S  H  R  B  U  X  Z  O  I  N  D  D  E  M  N  I
Q  T  N  A  G  É  L  É  K  W  Q  I  N  E  O  N
M  E  Y  M  Q  W  Z  Y  J  G  Q  U  C  U  A  H
Q  W  V  L  P  I  È  C  E  S  G  D  H  B  R  A
N  R  É  L  E  Q  B  P  R  I  X  É  È  L  T  B
A  U  T  H  E  N  T  I  Q  U  E  C  R  E  J  I
A  E  I  H  I  R  M  Z  E  M  V  O  E  S  U  T
R  L  L  N  R  X  U  E  I  V  C  R  S  D  F  U
T  A  A  D  E  K  J  T  G  O  B  A  D  É  S  E
I  V  U  Y  L  O  C  W  P  F  E  T  I  C  I  L
C  L  Q  D  A  H  S  Z  S  L  R  I  O  E  È  F
L  X  E  W  G  L  C  L  P  B  U  F  T  N  C  V
E  U  C  O  N  D  I  T  I  O  N  C  C  N  L  V
R  E  S  T  A  U  R  A  T  I  O  N  S  I  E  C
L  E  M  Q  M  U  Z  D  Z  C  H  W  U  E  J  M
J  Z  H  N  G  I  S  O  H  X  X  M  O  S  H  E
```

ART	MEUBLES
ARTICLE	PIÈCES
ENCHÈRES	PRIX
AUTHENTIQUE	QUALITÉ
CONDITION	RESTAURATION
DÉCENNIES	SCULPTURE
DÉCORATIF	SIÈCLE
ÉLÉGANT	STYLE
GALERIE	VALEUR
INHABITUEL	VIEUX

64 - Escursionismo

```
L  I  E  L  O  S  E  D  I  U  G  N  X  E  M  T
B  O  H  L  D  R  C  A  M  P  I  N  G  A  O  W
C  Y  U  E  A  E  F  Z  V  N  Z  O  A  U  N  R
Q  A  Y  R  H  G  P  V  Q  I  S  I  J  M  T  O
F  Q  R  X  D  N  I  X  L  F  O  T  C  D  A  F
Y  I  C  T  T  A  M  I  L  C  M  A  R  I  G  R
H  X  D  S  E  D  M  N  P  L  M  R  K  L  N  B
A  R  L  Z  R  Y  N  I  W  U  E  A  U  S  E  P
G  X  N  A  T  U  R  E  K  C  T  P  T  I  D  G
F  U  D  K  L  I  D  Z  C  N  I  É  E  B  H  B
T  A  N  O  I  T  A  T  N  E  I  R  O  H  B  E
U  M  L  F  E  N  Y  C  C  Q  I  P  B  G  B  L
E  I  I  A  D  D  V  G  D  C  T  O  J  A  A  G
D  N  R  I  I  F  A  T  I  G  U  É  E  Y  T  Q
P  A  R  C  S  S  E  R  R  E  I  P  K  K  K  R
B  O  T  T  E  S  E  G  A  V  U  A  S  U  I  B
```

EAU	DANGERS
ANIMAUX	LOURD
CAMPING	PIERRES
CLIMAT	PRÉPARATION
GUIDES	FALAISE
CARTE	SAUVAGE
MONTAGNE	SOLEIL
NATURE	FATIGUÉ
ORIENTATION	BOTTES
PARCS	SOMMET

65 - Professioni #1

```
P E U Q I F I T N E I C S A Y M
A S R U E N Î A R T N E É R T C
S P Y O I L F H M F W C D T H X
T C I C D D G I Q X H R I I F T
R B D A H M E M R Q S H T S A J
O H A P N O D E T M B O E T M C
N L N L A I L S H R I J U E B A
O M S O V C S O W E B È R O A R
M U E M O H T T G I S Z R C S T
E S U B C A P K E U B K S E S O
Y I R I A S F D W Q E R N U A G
Y C U E T S C A S N X A B Z D R
N I N R T E G D O A O G I Q E A
C E K S L U Q G S B V Y M M U P
I N R H V R G É O L O G U E R H
P H A R M A C I E N Q U H B U E
```

ENTRAÎNEUR
AMBASSADEUR
ARTISTE
ASTRONOME
AVOCAT
DANSEUR
BANQUIER
CHASSEUR
CARTOGRAPHE

ÉDITEUR
PHARMACIEN
GÉOLOGUE
PLOMBIER
INFIRMIÈRE
MUSICIEN
PIANISTE
PSYCHOLOGUE
SCIENTIFIQUE

66 - Antartide

```
D  D  F  R  A  F  F  F  B  A  L  E  I  N  E  S  R
C  O  N  T  I  N  E  N  T  Q  G  H  G  U  T  T
P  T  K  S  E  E  L  U  S  N  I  N  É  P  O  G
Z  W  M  I  N  É  R  A  U  X  J  Z  O  E  P  T
M  R  P  Q  W  K  I  P  O  T  M  N  G  X  O  Z
E  H  O  R  J  H  J  Y  H  B  P  U  R  P  G  I
F  A  W  C  B  O  N  P  V  A  A  F  A  É  R  P
M  V  N  Q  H  F  G  D  R  I  G  N  P  D  A  D
Z  E  O  R  U  E  H  C  R  E  H  C  H  I  P  S
G  O  I  P  T  W  U  I  E  U  I  D  I  T  H  R
D  L  T  K  B  Z  V  X  E  A  X  X  E  I  I  E
J  R  A  P  B  F  T  G  G  F  W  R  B  O  E  I
J  Q  R  C  N  O  I  T  A  V  R  E  S  N  O  C
C  V  G  U  E  E  A  U  U  D  Q  N  E  U  G  A
K  B  I  C  N  U  F  A  N  H  U  C  L  D  N  L
T  E  M  P  É  R  A  T  U  R  E  B  Î  Z  J  G
```

EAU
BAIE
BALEINES
CONSERVATION
CONTINENT
GÉOGRAPHIE
GLACIERS
GLACE
ÎLES

MIGRATION
MINÉRAUX
NUAGE
PÉNINSULE
CHERCHEUR
ROCHEUX
EXPÉDITION
TEMPÉRATURE
TOPOGRAPHIE

67 - Libri

```
M N N W I P I Q I G A P C W Z A
X D S O P E U Q I P É O O D C V
F O A S E R G L P Q F É L H D E
B M T U M T B A D R X S L D R N
F N K B I I U B P I U I E L H T
B A S G Y N A M O R M E C S E U
N T N N S E O K Q Y X U T D R R
A S J C B N L R W I W Q I U I E
R É X F I T N E V N I I O N A R
R R L C O N T E X T E R N I R I
A I I E U Q I G A R T O M V É O
T E D V C É C R I T A T N B T T
E C G Z A T U X Y B H S D I T S
U M T D B X E W C K R I R O I I
R G L Q B R O U I N G H K E L H
H T R D C S Y C R D U A L I T É
```

AUTEUR
AVENTURE
COLLECTION
CONTEXTE
DUALITÉ
ÉPIQUE
INVENTIF
LITTÉRAIRE
LECTEUR
NARRATEUR

PAGE
POÉSIE
PERTINENT
ROMAN
ÉCRIT
SÉRIE
HISTOIRE
HISTORIQUE
TRAGIQUE

68 - Geografia

```
Y E Q E D U T I G N O L B G U T
G X S V X C I K W Z G U K X A E
N J T D S O N M A P T X E L Î R
T Q D X I F X Z U M E G D S N R
I C A E N O R D U S U X N Y T I
T K V V I O C Y M T O V O A C T
H É M I S P H È R E H I M P O O
L A Z T J X H Y Z T E M C R N I
A L N O O Y N C C R D O W R T R
T M É R I D I E N A U U X P I E
I K W Z Z D D O O C T N X N N T
T W E U R N E Y I C I L F X E O
U H G G Q T E N G A T N O M N M
D J I Z B H B O É H L Z W F T E
E M W F B X Y Q R S A T L A S R
F L E U V E L V I L L E B X J I
```

ALTITUDE
ATLAS
VILLE
CONTINENT
HÉMISPHÈRE
FLEUVE
ÎLE
LATITUDE
LONGITUDE
CARTE

MER
MÉRIDIEN
MONDE
MONTAGNE
NORD
OUEST
PAYS
RÉGION
SUD
TERRITOIRE

69 - Cibo #1

```
N U C B L E J P J B É S N P C Y
O A X J V H Y X E P P U T O G T
H X V E T T O R A C I C P N S G
T E Y E D N A I V M N R M P C Â
J U D S T E R O T F A E Y G T T
K Z I I Y M O K I E R Q K B G E
J B I A W G U R S G D E T O A A
G G U R S A L A D E N Y D U C U
P J N F U C B S E J N O R T I C
P O I R E M A Y A Z O K N Z M P
G H K V G D S U J N E W E Z M C
L E S S R P I N O C N W O S W D
I A S B O E L L E N N A C P V S
A S I W G D I O T C W K H U O T
Y Y E T U X C T S V Y Q F Z V T
J A O E I I R J L S F O A E N J
```

AIL
BASILIC
CANNELLE
VIANDE
CAROTTE
OIGNON
FRAISE
SALADE
LAIT
CITRON

MENTHE
ORGE
POIRE
NAVET
SEL
ÉPINARD
JUS
THON
GÂTEAU
SUCRE

70 - Etica

```
J N L T U V I C L C R O F L U W
I N T É G R I T É O A P X Y O E
W H L U T S G É W O I T U Q S G
H O N N Ê T E T É P S I E V Z V
G F E W Z L I I T É O M U A A M
N E C M P E H N I R N I T L T G
U C N Y B C P A N A N S C E E N
J N A T C B O M G T A M E U I O
Y E R C I A S U I I B E P R R I
G I É K W L O H D O L L S S E S
M T L F T H L P U N E K E V Z S
E A O M U K I E M S I U R T L A
K P T O I K H E S S E G A S K P
M H N G V F P E M S I L A É R M
T T N A L L I E V N E I B Z F O
Q E R A T I O N A L I T É K B C
```

ALTRUISME
BIENVEILLANT
COMPASSION
COOPÉRATION
DIGNITÉ
PHILOSOPHIE
GENTILLESSE
INTÉGRITÉ
HONNÊTETÉ
OPTIMISME

PATIENCE
RAISONNABLE
RATIONALITÉ
RÉALISME
RESPECTUEUX
SAGESSE
TOLÉRANCE
HUMANITÉ
VALEURS

71 - Aeroplani

```
D T U R B U L E N C E É R C W U
S I M Z Y H C I P B E Q D O T O
H W R O Z H Q B Y Y V U E N F H
D O I E T P A J N Q Y I S S A Q
P E A D C E Q T M V I P C T X F
W G R U E T U A H A I A E R P M
A A C T O C I R S F J G N U I M
A S P I C H C O I X W E T C R T
P S X T E R U T N E V A E T E T
C I C L H Y D R O G È N E I U R
D R L A H I S T O I R E C O G B
X R E O W L O X H P B P P N I A
U E I N T N A R U B R A C K V L
N T C R E E R È H P S O M T A L
H T A Q J S J W E S A F D E N O
E A P A S S A G E R F I L W U N
```

HAUTEUR
ALTITUDE
AIR
ATMOSPHÈRE
ATTERRISSAGE
AVENTURE
CARBURANT
CIEL
CONSTRUCTION
DIRECTION

DESCENTE
ÉQUIPAGE
HYDROGÈNE
MOTEUR
NAVIGUER
BALLON
PASSAGER
PILOTE
HISTOIRE
TURBULENCE

72 - Governo

```
P  C  I  T  O  Y  E  N  N  E  T  É  M  X  H  T
D  O  E  R  I  A  I  C  I  D  U  J  C  V  N  B
É  D  L  S  V  G  R  L  O  L  J  D  R  Y  A  F
M  I  O  I  Y  M  T  D  T  Q  E  G  K  J  T  L
O  S  B  S  T  A  T  É  V  X  C  A  P  I  I  I
C  T  M  B  E  I  L  E  G  D  I  Y  D  W  O  B
R  R  Y  D  J  S  Q  V  K  L  V  P  L  E  N  E
A  I  S  I  X  U  S  U  M  P  I  X  V  A  R  R
T  C  Z  S  Y  U  S  C  E  U  L  N  F  H  Y  T
I  T  U  C  Z  R  Q  T  N  E  M  U  N  O  M  É
E  T  N  O  I  T  U  T  I  T  S  N  O  C  H  S
K  K  B  U  Z  Y  T  F  S  C  Q  E  S  Q  L  H
Q  A  B  R  E  C  N  A  D  N  E  P  É  D  N  I
B  I  X  S  P  L  A  N  O  I  T  A  N  O  U  B
R  C  K  G  N  O  I  S  S  U  C  S  I  D  X  S
J  B  H  W  O  I  É  G  A  L  I  T  É  I  E  X
```

LEADER	LOI
CITOYENNETÉ	LIBERTÉ
CIVIL	MONUMENT
CONSTITUTION	NATIONAL
DÉMOCRATIE	NATION
DISCOURS	POLITIQUE
DISCUSSION	DISTRICT
JUDICIAIRE	SYMBOLE
JUSTICE	ÉTAT
INDÉPENDANCE	ÉGALITÉ

73 - Bellezza

```
T M G R Â C E H U I L E S C G G
A M A W B N P I I K S G L H H G
F Q S S Q E G N I O O P M A H S
C B X C C B O U C L E S O R G E
M B J H W A P A R F U M P M M C
C H E S F M R G K C A Q H E A I
P S X W J S I A C O E N O P Q V
R U T Y O M O H I S P W T Q U R
O Q V Y M P R S S M Q M O O I E
D K M K L K I O E É Q R G X L S
U Y S T Q I M A A T L Y É T L V
I C G M F G S R U I I I N A A W
T S U Y F T C T X Q S H I Y G F
S É L É G A N T E U S R Q X E T
C O U L E U R Y X E E J U F K T
C X É L É G A N C E O Y E R C R
```

COULEUR	MASCARA
COSMÉTIQUE	HUILES
ÉLÉGANT	PEAU
ÉLÉGANCE	PRODUITS
CHARME	BOUCLES
CISEAUX	SERVICES
PHOTOGÉNIQUE	SHAMPOOING
PARFUM	MIROIR
GRÂCE	STYLISTE
LISSE	MAQUILLAGE

74 - Avventura

```
Z D A B V O Y A G E S H B K I E
V D V R K Z E Q R P S G T Q G X
E M S A I S U O H T N E L G O C
N É É V N O I T A N I T S E D U
A Z T O Y R W T A U E M E N H R
T L I U V J S P I D Z G E Y D S
U Z R R A J M W Y N J O I E É I
R X U E R E G N A D É F J J F O
E W C O P R B Z F T E R C K I N
Y B É T L U C I F F I D A Y S G
D I S N A V I G A T I O N I D B
N O U V E A U G E J C J H E R C
A P R É P A R A T I O N A C M E
O P P O R T U N I T É W M I R G
A C T I V I T É U L M I I S X Y
I N H A B I T U E L R C S X P F
```

AMIS
ACTIVITÉ
BEAUTÉ
BRAVOURE
DESTINATION
DIFFICULTÉ
ENTHOUSIASME
EXCURSION
JOIE
INHABITUEL

ITINÉRAIRE
NATURE
NAVIGATION
NOUVEAU
OPPORTUNITÉ
DANGEREUX
PRÉPARATION
DÉFIS
SÉCURITÉ
VOYAGES

75 - Forme

```
P D C P A F C U P C Ô T É P C F
W P G L S D Q O I Z A M P O A B
J C O U D A R C U Y C L Y L R P
T J C E R C L E M R Q R R Y R W
B C S L O I C U B E B U A G É D
C G Q G B Q C V E S C E M O Y F
B H G N U J L O G L J L I N P U
V T E A O V G N I K P O D E R C
J Y F T I U Q A E N I B E N I Ô
S K M C E L L I P S E R L G S N
Q P B E R D N I L Y C E A I M E
D X H R M F T T S F N P V L E Z
X A T È W E F V F H Y Y O J I Q
L N F Q R G A V Z I Q H E P U N
J L E O H E O Z S I N Z J P H N
F R T R I A N G L E V M P I I V
```

COIN	CÔTÉ
ARC	LIGNE
BORDS	OVALE
CERCLE	PYRAMIDE
CYLINDRE	POLYGONE
CÔNE	PRISME
CUBE	CARRÉ
COURBE	RECTANGLE
ELLIPSE	SPHÈRE
HYPERBOLE	TRIANGLE

76 - Oceano

```
T O R T U E G N O P É X V C R X
Z N L X Y I U S P O I S S O N X
N Z I M W T S F T O Z B U O V J
P W F K B D U C R E V E T T E I
O W M A A R A D X L M Q X S K V
U K P E L E S U A E T A B J J I
L U S J E I B B P R É C I F E T
P M E L I A R O C H C R A B E H
E O É X N I U Q E R I Q U Q T O
R K R D E K V E G V B N X T Ê N
T F A Q U T L N G D K D Y L P S
Î O M C A S E U G A V X U K M Y
U D G W V D E L L I U G N A E A
H O Y W O H B I C V K Q V F T M
X N J F A X N S C V Y U R S H N
U V M L M F H S Z H I O J F O R
```

ANGUILLE   HUÎTRE
BALEINE   POISSON
BATEAU   POULPE
CORAIL   SEL
DAUPHIN   RÉCIF
CREVETTE   ÉPONGE
CRABE   REQUIN
MARÉES   TORTUE
MÉDUSE   TEMPÊTE
VAGUES   THON

77 - Famiglia

```
P  B  J  V  O  B  D  R  P  P  H  E  R  D  M  T
A  U  F  S  T  M  O  E  V  È  W  H  P  J  S  W
T  F  E  M  M  E  F  G  P  R  N  U  T  K  P  A
E  R  T  Ê  C  N  A  G  B  E  L  L  I  F  W  V
R  E  N  D  G  H  A  S  N  U  L  Z  E  O  X  M
N  N  A  Y  I  G  J  O  L  E  N  R  E  T  A  M
E  F  F  D  D  M  V  E  V  E  V  O  F  B  H  V
L  A  N  G  E  X  Q  U  S  N  Y  E  T  N  A  T
S  N  E  H  R  U  J  R  B  F  M  G  U  G  F  T
D  C  L  D  È  A  E  I  R  A  M  E  J  D  B  R
D  E  C  J  P  E  N  N  D  N  Y  È  E  O  J  P
E  Q  N  M  D  M  I  D  A  T  P  Z  R  O  O  A
E  U  O  K  N  U  S  E  M  S  M  A  Q  E  X  W
U  B  O  V  A  J  U  R  W  È  J  H  T  J  I  V
V  P  V  W  R  E  O  D  T  C  R  B  F  T  T  G
L  E  J  L  G  B  C  N  F  K  E  E  R  È  R  F
```

ANCÊTRE
ENFANTS
ENFANT
COUSIN
FILLE
FRÈRE
JUMEAUX
ENFANCE
MÈRE
MARI

MATERNEL
FEMME
NEVEU
GRAND-MÈRE
GRAND-PÈRE
PÈRE
PATERNEL
SOEUR
TANTE
ONCLE

78 - Creatività

```
A I D G X B C C C N P N E V S I
R M R X T E E L L O C Z X I P M
T A A P P H G A Z I X R O S O P
I G M N S Z U R Z T S R V I N R
S I A F S H N T B A E H H O T E
T N T F E O Y É N S O W Z N A S
I A I I C M G F I N C F I S N S
Q T Q T N O I S S E R P X E É I
U I U N E T V N S S I V R N Q O
E O E E T N U O F L C C Y P O N
V N L V É N O I T A R I P S N I
I L T N P F W T T I P R Y W B G
F M E I M A F O O I D T S L A N
I R A D O U I M E M O É K Y O K
V C V G C U Z É T I S N E T N I
W C Y C E F L U I D I T É S S V
```

COMPÉTENCE
ARTISTIQUE
CLARTÉ
DRAMATIQUE
ÉMOTIONS
EXPRESSION
FLUIDITÉ
IDÉES
IMAGINATION

IMAGE
IMPRESSION
INTENSITÉ
INTUITION
INVENTIF
INSPIRATION
SENSATION
SPONTANÉ
VISIONS

79 - Emozioni

```
I  Z  Q  D  J  U  P  K  F  Q  A  I  P  P  C  Z
C  J  P  T  A  P  I  S  C  O  N  W  D  R  A  W
O  R  E  C  O  N  N  A  I  S  S  A  N  T  L  E
L  U  S  Q  U  L  G  A  F  L  I  Y  A  Q  M  M
È  R  S  V  C  Y  G  L  U  X  I  A  P  A  E  B
R  U  E  P  D  É  T  E  N  D  U  C  T  E  S  A
E  S  T  H  G  S  I  I  E  W  N  Q  D  X  I  R
S  F  S  O  D  B  A  H  T  F  N  X  V  C  R  R
S  W  I  A  C  U  F  T  N  Z  E  M  B  I  P  A
E  E  R  K  K  A  S  A  O  J  O  I  E  T  R  S
R  G  T  O  U  A  I  P  C  T  W  G  L  É  U  S
D  U  J  Y  H  M  T  M  B  I  R  J  B  E  S  É
N  O  O  P  R  I  A  Y  Y  V  G  V  C  J  R  F
E  K  X  M  R  E  S  S  E  L  L  I  T  N  E  G
T  Z  T  R  A  N  Q  U  I  L  L  I  T  É  Q  L
N  J  Y  R  D  P  O  R  X  G  J  V  Q  A  H  S
```

AMOUR	PEUR
CALME	COLÈRE
CONTENU	DÉTENDU
EXCITÉ	RELIEF
GENTILLESSE	SYMPATHIE
JOIE	SATISFAIT
RECONNAISSANT	SURPRISE
EMBARRASSÉ	TENDRESSE
ENNUI	TRANQUILLITÉ
PAIX	TRISTESSE

80 - Natura

```
A D L A C I P O R T N L D S L B
B Y S H B J C N P X U A M I N A
E N A D H R J C D T A T B L E X
I A U O Z P I K E V G I U W Y Y
L M V F E C B C M D E V S I I Z
L I A I E I B V W D G Z U T Q F
E Q G B M G S B N O I S O R É L
S U E Y R D Q S I J E H F E T E
L E P P A I M Y E C B P F S U U
G L A C I E R Z R N N K O É A V
S Q X B L Q A Y E C G D R D E E
M Q K U T V S T S U N A Ê L B H
Q K J V V W D W E U Q I T C R A
S A N C T U A I R E W J J N D N
B R O U I L L A R D B T H E O V
H F E U I L L A G E Q I U A O M
```

ANIMAUX
ABEILLES
ARCTIQUE
BEAUTÉ
DÉSERT
DYNAMIQUE
ÉROSION
FLEUVE
FEUILLAGE
FORÊT

GLACIER
MONTAGNES
BROUILLARD
NUAGE
ABRI
SANCTUAIRE
SAUVAGE
SEREIN
TROPICAL
VITAL

81 - Balletto

```
I O L O S E U Q I T S I T R A C
N R N Q R I X U E I C A R G M H
T C S K U R J P R B G B S S U O
E H W P E O U F R A F I E B S R
N E M U S C L E S E O I N K I É
S S E D N M Z L T Z S P H I Q G
I T P O A N C Y N I O S M D U R
T R G Y D O N T O M S E I M E A
É E Q F F I E S H P R O O F P P
C O M P É T E N C E Y X P D N H
I Y R Z M I T C J N T P O M V I
L X Q I Q T S T V D H S X O O E
B O R F F É E H B G M F I R W C
U G M A T P G X H O E J Z M W C
P O V Q N É P R A T I Q U E K X
O K E N I R E L L A B S W N X F
```

COMPÉTENCE
ARTISTIQUE
SOLO
BALLERINE
DANSEURS
COMPOSITEUR
CHORÉGRAPHIE
EXPRESSIF
GESTE
GRACIEUX

INTENSITÉ
MUSCLES
MUSIQUE
ORCHESTRE
PRATIQUE
RÉPÉTITION
PUBLIC
RYTHME
STYLE

82 - Paesi #1

```
C Y B R H D Y U E J M H S F U S
P A N A M A T Z C A A W É I G G
V U K G M S E G È V R O N N P K
Y E I N A M U O R L O C É L O M
L D N G Y Y K D Q Z C X G A S E
Z N X E N G A M E L L A A N V M
Y I V T Z C R I H Ë L D L D T C
O L F P C U I C N A H A I E E A
V A B Y P A E T X R J N L N R X
M M B G R B M L E S X A V G I O
A F D E L W G B A I I C B O V H
N T B M O I G B O I H I R L S Q
T U Q I A I B R B D D G É O E O
E S P A G N E Y Y G G E S P A X
I Z X L L T J U E W E E I I S K
V E W E W A P G S Q F P L Q X X
```

BRÉSIL
CAMBODGE
CANADA
EGYPTE
FINLANDE
ALLEMAGNE
INDE
IRAK
ISRAËL
LIBYE

MALI
MAROC
NORVÈGE
PANAMA
POLOGNE
ROUMANIE
SÉNÉGAL
ESPAGNE
VENEZUELA
VIETNAM

83 - Geometria

```
D D S X D D D P M B Y A C L S Q
A O E W K J J I A M M N A O Y F
A H Y C I N P B M M K G L G M N
P N E K O U R N C E Z L C I É Q
D A H A U T E U R J N E U Q T H
J I R D I A M È T R E S L U R I
V D L A T N O Z I R O H I E I S
E É H Y L X P Y Z J P N X O E C
P M W Z W L T R I A N G L E N E
E X K F Z Q È P T N O U P N R R
S U R F A C E L N E B R U O C C
V E R T I C A L E I R O É H T L
L W C A H E T L M G Q B A X X E
É Q U A T I O N G K T V M O G W
W D E T T K M L E H I F G O A T
Y E P L X U J J S N J N K S N X
```

HAUTEUR
ANGLE
CALCUL
CERCLE
COURBE
DIAMÈTRE
DIMENSION
ÉQUATION
LOGIQUE
MÉDIAN

NOMBRE
HORIZONTAL
PARALLÈLE
SEGMENT
SYMÉTRIE
SURFACE
THÉORIE
TRIANGLE
VERTICAL

84 - Foresta Pluviale

```
D R A K Y N N N A T U R E V R P
I N Z B S N E I B I H P M A E R
V A X A Z R L I N N D S P P F É
E C È P S E G Q N S U Y M Z U S
R S S O X S N C T D E A L O G E
S Q X J T E U R C B I C G U E R
I T A D E R J Z E W H G T E C V
T R Q M D È D J P Y S S È E B A
É P R B P F X B S C C U C N S T
B O T A N I Q U E S S U O M E I
S M A F H M Q Z R Q R M Y P Q O
U M M I O M P R É C I E U X C N
R C I Z M A C O M M U N A U T É
V J L V A M O I S E A U X C K B
I X C R E S T A U R A T I O N R
E J J P N B D I M J S B N F U G
```

AMPHIBIENS
BOTANIQUE
CLIMAT
COMMUNAUTÉ
DIVERSITÉ
JUNGLE
INDIGÈNE
INSECTES
MAMMIFÈRES
MOUSSE

NATURE
NUAGE
PRÉSERVATION
PRÉCIEUX
RESTAURATION
REFUGE
RESPECT
SURVIE
ESPÈCE
OISEAUX

85 - Edifici

```
S M U S É E D A T S O S A U L P
U A E T Â H C H D M B H S N A T
P L T G I Y V T T B S Ô A I B L
E Y O V R V B K J G E T Z V O L
R T O U R A O D P U R E V E R E
M I F W Q W N M K É V L A R A G
A C I N É M A G F C A A P S T S
R C F H X S E Q E O T T P I O R
C R A E I U Y P R L O I A T I U
H Y B B R O R N T E I P R É R Z
É I J J I M E V Â O R Ô T R E V
B O K L D N E U É J E H E U J I
E N V A G K E A H P F L M Q U U
Q Z V V O G K A T C S V E Z W F
A M B A S S A D E X B H N I R X
U S I N E T N E T Q D W T X B R
```

AMBASSADE	MUSÉE
APPARTEMENT	HÔPITAL
CABINE	OBSERVATOIRE
CHÂTEAU	ÉCOLE
CINÉMA	STADE
USINE	SUPERMARCHÉ
FERME	THÉÂTRE
GRANGE	TENTE
HÔTEL	TOUR
LABORATOIRE	UNIVERSITÉ

86 - Malattia

```
N O I T A M M A L F N I A G C J
A E R T Ê N E I B W I I I É O R
N B U C H R O N I Q U E G N N N
C Q D R U Œ C S B F Z R U É T E
C N F O O Z T R C B K I P T A A
I O E I M P K D Z V C O U I G V
M T R E R I A B M O L T L Q I A
M H I P D K N T D O K A M U E L
U É A W S Y O A H K M R O E U L
N R T S A N T É L I G I N M X E
I A I M S L D Z Y N E P A O H R
T P D D J W D J L T L S I R W G
É I É W H L G I A V B E R D N I
H E R R U Z N Z U Y I R E N P E
N N É O G V V U L J A X H Y H S
J R H H B A Y E A Y F X M S U F
```

AIGU
ABDOMINAL
ALLERGIES
BIEN-ÊTRE
CONTAGIEUX
CORPS
CHRONIQUE
CŒUR
FAIBLE
HÉRÉDITAIRE

GÉNÉTIQUE
IMMUNITÉ
INFLAMMATION
LOMBAIRE
NEUROPATHIE
PULMONAIRE
RESPIRATOIRE
SANTÉ
SYNDROME
THÉRAPIE

87 - Paesi #2

```
R E A R P G D T Z A H T Q N K Z
S R L A I R E G I N Q R H Y N G
V P B I U È U T C V R O Y I É T
R Q A R T C E T H I O P I E P S
X G N É A E I S S U R O D O A U
V S I B O U I D S Z T L E P L N
H K E I N Q F S C D V A A M Z G
P R K L H Ï E L É E A A H O K K
D A F Z E A D L M N O P A J S B
X M K I B M Y M G I O H A Ï T I
J E S I E A X O F A I D W N H V
V N D Z S J H S Y R I E N J T I
U A Z U F T U T R K U I E I P L
U D F Q B J A O D U M J G C D I
O U G A N D A N A D U O S I Q S
J N M E X I Q U E D N A L R I K
```

ALBANIE
DANEMARK
ETHIOPIE
JAMAÏQUE
JAPON
GRÈCE
HAÏTI
INDONÉSIE
IRLANDE
LAOS

LIBÉRIA
MEXIQUE
NÉPAL
NIGERIA
PAKISTAN
RUSSIE
SYRIE
SOUDAN
UKRAINE
OUGANDA

88 - Tipi di Capelli

```
E  M  R  F  L  X  C  C  O  L  O  R  É  D  S  T
H  B  Q  R  Y  R  E  H  B  K  R  A  S  O  A  R
O  P  M  F  B  D  S  I  A  P  É  V  I  U  I  E
M  D  L  O  N  G  N  N  A  U  V  S  R  X  N  S
A  N  J  G  E  N  X  O  R  U  V  O  F  N  Y  S
B  O  U  C  L  E  S  L  B  E  L  E  J  S  G  E
A  L  S  D  C  G  N  O  I  R  A  C  S  O  G  S
O  B  M  C  C  O  U  R  T  H  T  N  X  S  S  U
Q  K  T  D  P  Z  Z  N  S  R  I  V  Q  I  Q
H  P  O  B  Q  S  K  K  E  A  E  M  S  V  W  L
B  L  A  N  C  S  X  Y  G  A  S  P  N  E  B  N
P  C  Z  B  Z  D  J  O  R  L  S  K  H  H  O  E
R  W  L  S  X  R  Y  U  A  G  É  I  Z  T  K  R
O  Q  L  D  B  F  E  C  L  B  M  A  R  R  O  N
A  W  P  D  E  J  Q  D  T  I  I  U  A  G  I  E
Y  R  H  D  N  A  Q  P  G  N  C  W  D  G  W  F
```

ARGENT	LONG
SEC	MARRON
BLANC	DOUX
BLOND	NOIR
COURT	FRISÉ
CHAUVE	BOUCLES
COLORÉ	SAIN
GRIS	MINCE
TRESSÉ	ÉPAIS
LISSE	TRESSES

89 - Vestiti

```
Y T E C H E M I S I E R Y E C M
M O L Q H T E L E C A R B I E G
M Q D U U S A C Y S F A Z N I I
S U O U A E T N A M N B F C N P
A S X Z D V F O U L A R D S T S
U T Q T T U O A P N A A M N U V
T E Z D E C T S E N K K Z G R Y
U A E P A H C V L Q S Z N A E V
P J B C H A U S S U R E S N P O
J Y E L L E C F P W O F A T C D
M W J A I C H E M I S E N S O N
O Z M A N E B O R C L R D A L P
D Q E Y M S R U J U P E A Q L C
E N N O L A T N A P I D L H I R
Z B Y T S P U L L L W A E X E H
L X G D Z S X Y D Q Y P S Q R G
```

ROBE
BRACELET
CHEMISIER
CHEMISE
CHAPEAU
MANTEAU
CEINTURE
COLLIER
VESTE
JUPE

TABLIER
GANTS
JEANS
PULL
MODE
PANTALON
PYJAMA
SANDALES
CHAUSSURE
FOULARD

90 - Attività e Tempo Libero

```
E  T  T  P  L  O  N  G  É  E  F  M  O  W  H  P
Z  R  K  X  Y  O  B  S  M  Q  Y  S  V  H  J  E
B  A  S  E  B  A  L  L  O  E  S  B  M  K  A  I
P  L  T  B  W  W  L  L  A  B  T  O  O  F  R  N
A  S  A  J  A  V  Q  N  A  L  I  X  P  C  D  T
S  I  H  G  G  S  U  H  F  B  N  E  P  Y  I  U
S  Y  C  W  R  Q  K  C  O  X  Y  P  T  A  N  R
E  Z  A  S  U  R  F  E  S  O  D  E  W  H  A  E
T  G  O  L  F  R  G  É  T  H  A  Z  L  M  G  F
E  S  I  N  N  E  T  N  B  B  W  D  D  L  E  J
M  U  Z  E  P  L  D  N  Z  P  A  M  A  Z  O  L
P  V  L  E  G  A  Y  O  V  V  P  L  R  O  I  V
S  N  Q  R  Q  X  G  D  R  O  Ê  A  L  P  N  L
G  N  I  P  M  A  C  N  R  U  C  R  C  M  K  G
N  A  G  E  R  N  G  A  Z  X  H  T  E  P  C  W
F  S  E  G  X  T  X  R  D  Z  E  L  F  G  H  I
```

ART	PLONGÉE
BASE-BALL	NAGER
BASKET-BALL	VOLLEY-BALL
BOXE	PÊCHE
FOOTBALL	PEINTURE
CAMPING	RELAXANT
RANDONNÉE	ACHATS
JARDINAGE	SURF
GOLF	TENNIS
PASSE-TEMPS	VOYAGE

91 - Arte

```
L M W B X H Y S E W K S F D S S
L V S V A O U F O Z H I I X Y C
M G R G L Z W M V J S M G A M U
E X E L P M O C E L K P U O B L
I X Z U J J O K F U O L R W O P
S K P W S N X J G D R E E I L T
É S E R U T N I E P O E N N E U
O Q A E E U Q I M A R É C S R R
P U M L E S P H V E I E R P Y E
E O S O K Y S L J V G J É I J J
H O N N Ê T E I R E I M H R A P
J F X O N H Y I O D N R C É C E
P E R S O N N E L N A S U J E T
D É P E I N D R E M L E U S I V
O Z V S K C O M P O S I T I O N
S U R R É A L I S M E L P S X T
```

CÉRAMIQUE
COMPLEXE
COMPOSITION
CRÉER
PEINTURES
EXPRESSION
FIGURE
INSPIRÉ
HONNÊTE
ORIGINAL

PERSONNEL
POÉSIE
DÉPEINDRE
SCULPTURE
SIMPLE
SYMBOLE
SUJET
SURRÉALISME
HUMEUR
VISUEL

92 - Corpo Umano

```
P  R  D  V  T  I  Z  M  A  V  W  F  S  Z  P  U
I  H  M  W  G  U  E  C  A  I  A  X  L  H  C  O
I  S  U  B  X  O  C  M  C  S  F  J  V  U  H  S
S  Z  S  R  L  H  F  A  L  A  N  P  H  C  Y  J
K  F  U  F  C  S  Q  I  U  G  M  G  N  A  S  X
E  S  T  O  M  A  C  N  U  E  L  I  E  O  R  D
N  B  O  U  C  H  E  J  Z  T  P  H  L  N  S  I
E  É  P  A  U  L  E  A  W  Ê  P  Q  L  O  O  D
Z  D  C  Œ  U  R  L  M  D  T  O  C  I  T  S  U
K  V  U  E  F  D  L  B  O  S  L  T  V  N  T  A
P  F  W  O  Y  T  I  E  I  P  U  V  E  E  F  E
X  V  A  J  C  U  E  C  G  N  E  L  H  M  H  P
J  Z  W  E  N  X  R  U  T  Y  N  A  C  U  I  X
U  V  K  F  H  K  O  C  E  R  V  E  A  U  Z  V
D  V  Z  G  H  S  H  G  O  C  K  Q  N  P  E  P
V  K  K  V  J  T  V  Z  S  W  I  C  K  V  U  Q
```

BOUCHE	MAIN
CHEVILLE	MENTON
CERVEAU	NEZ
COU	OEIL
CŒUR	OREILLE
DOIGT	PEAU
VISAGE	SANG
JAMBE	ÉPAULE
GENOU	ESTOMAC
COUDE	TÊTE

93 - Mammiferi

```
C O Y O T E G N I S X S E R B A
Y F Z W X X C T Y J S T I Z O C
M M I U S V R T B D G L R H L V
S O J V Y N D E G F M G H Y L Z
K U O R U O G N A K N A S H B C
U T A H C N U M U T U O I M X T
W O P D E F A R I G R M X C M R
H N O I L A V E H C S F S K F F
C H R X L G S T A U R E A U R Y
Y R R Q I D R U J L U N C B S N
L L J P R C A X F M O I E N I R
F P B R O L H U X N L E R B È Z
O A Y Z G Q A I P U O L F J Y A
R E N A R D V P E H N A I D L K
É L É P H A N T I N I B J A F K
K P C P J O J Q F N O N X Z Y P
```

BALEINE	GIRAFE
CHIEN	GORILLE
KANGOUROU	LION
CHEVAL	LOUP
CERF	OURS
LAPIN	MOUTON
COYOTE	SINGE
DAUPHIN	TAUREAU
ÉLÉPHANT	RENARD
CHAT	ZÈBRE

94 - Cucina

```
C J C G R Z O V L O B M J C K F
U E O J É E E A I O J U D V F O
I A N U F D G H R Y U F O S E U
L J G Q R F F T G W L C X U S R
L O É C I S O N V W E C H S H C
È S L Q G X U A E T U O C E N H
R Z A H É J R É P I C E S S O E
E U T X R R K Z É A P I C S U T
S J E K A E K Q P H O V Y A R T
T O U E T C J C O W T V E T R E
N A R D E E C S N G K J A U I S
L L B Q U T C Z G H P K X J T R
V U Q L R T D D E H C U R C U P
V O V G I E T T E I V R E S R D
Z S L T S E T T E U G A B H E C
G L H P J E R I O L L I U O B N
```

BAGUETTES	RÉFRIGÉRATEUR
BOUILLOIRE	TABLIER
CRUCHE	GRIL
NOURRITURE	LOUCHE
BOL	RECETTE
COUTEAUX	ÉPICES
CONGÉLATEUR	ÉPONGE
CUILLÈRES	TASSES
FOURCHETTES	SERVIETTE
FOUR	POT

95 - Giardinaggio

```
E  X  O  T  I  Q  U  E  G  A  L  L  I  U  E  F
G  T  S  O  P  M  O  C  F  G  R  A  I  N  E  S
M  N  B  Q  X  V  O  K  C  L  N  Z  R  E  J  J
F  E  U  I  L  L  E  M  J  K  E  F  C  F  Q  L
T  I  A  C  B  L  H  L  J  C  H  U  E  Z  G  T
K  P  Y  Q  R  O  M  E  M  M  T  H  R  S  W  E
A  I  U  V  X  F  T  E  U  Q  U  O  B  A  Q  A
Y  C  T  W  G  N  T  A  H  I  Q  D  B  I  D  U
D  É  F  L  O  R  A  L  N  D  A  Y  N  S  B  J
V  R  T  S  N  É  T  I  D  I  M  U  H  O  N  Q
X  E  D  E  S  G  G  T  I  Q  Q  T  P  N  F  E
H  G  D  E  L  E  S  P  È  C  E  U  L  N  M  T
A  R  L  K  N  A  F  F  T  Y  K  Q  E  I  F  R
M  E  S  E  S  R  S  B  Q  W  O  P  G  E  M  C
V  V  O  C  O  M  E  S  T  I  B  L  E  R  I  Z
J  O  L  C  L  I  M  A  T  Q  F  S  Z  A  P  T
```

EAU
BOTANIQUE
CLIMAT
COMESTIBLE
COMPOST
RÉCIPIENT
EXOTIQUE
FLEUR
FLORAL
FEUILLE

FEUILLAGE
VERGER
BOUQUET
GRAINES
ESPÈCE
SALETÉ
SAISONNIER
SOL
TUYAU
HUMIDITÉ

96 - Jazz

```
Z R G N Z Q C H I T Q O R H C C
A R T I S T E R B È L É C O O O
F H N Y N D L M U S I Q U E M N
A K E X E A Y X U E I V B M P C
V R L Y U M T Y C B Q V M H O E
O Z A O Q L S H L R L H N T S R
R H T Q I S R U O B M A T Y I T
I C H A N S O N H T N R U R T V
S J M Z H Y J B Y O A G A Z E Q
N D A C C E N T V R W U E H U D
Z A D A E H D O W Z X H V N R F
P A V U T E S A F K O A U E R U
O R C H E S T R E V V A O I J E
I M P R O V I S A T I O N Z Q M
C O M P O S I T I O N Q O K W M
C I P B Q N T I L N T N H D U Z
```

ALBUM	IMPROVISATION
ARTISTE	MUSIQUE
TAMBOURS	NOUVEAU
CHANSON	ORCHESTRE
COMPOSITEUR	FAVORIS
COMPOSITION	RYTHME
CONCERT	STYLE
ACCENT	TALENT
CÉLÈBRE	TECHNIQUE
GENRE	VIEUX

97 - Attività

```
K A R J Z K J R A N D O N N É E
L J H N E H C Ê P X D D V A P I
V U D D E H G O S M E A G Y K G
H M X E G U P W U P P M N Y D A
X M H I A T Q R P T V H T S A M
E F T H N N I I L C U G U P E K
C A M P I N G S M H H R H U P L
N A S A D O M I T A N I E Z S R
E R M R R I I A Q S R X J Z D L
T T I G A T W L X S R É U L F O
É I N O J A R P I E B E C E B Q
P S I T B X U E J F A R T S F E
M A L O I A W X A C T I V I T É
O N J H K L I J D Y Y H Q V A V
C A U P Q E J Z H L E C T U R E
T T D X R R I S I O L V Y B I L
```

COMPÉTENCE
ART
ARTISANAT
ACTIVITÉ
CHASSE
CAMPING
CÉRAMIQUE
COUTURE
DANSE
RANDONNÉE

PHOTOGRAPHIE
JARDINAGE
JEUX
LECTURE
MAGIE
PÊCHE
PLAISIR
PUZZLES
RELAXATION
LOISIR

98 - Diplomazia

```
S D Z K R S D I S C U S S I O N
N O I T A R É P O O C U D C G B
E J L Q M R G C C I V I Q U E Z
Y Y S U N B V E U Q I T I L O P
O R W Y T C K X N R J R L L J C
T B J E N I S L Q D I Z P G U O
I V O F G Z O W R X W T W R S N
C E R I A T I N A M U H É B T S
X D D I P L O M A T I Q U E I E
É T H I Q U E R C C G E B M C I
T A M B A S S A D E O P H S E L
I I N T É G R I T É H N U H A L
A C O M M U N A U T É G F M L E
R U E D A S S A B M A Q C L Q R
T R É S O L U T I O N K P F I K
G O U V E R N E M E N T F P N T
```

AMBASSADE
AMBASSADEUR
CITOYENS
CIVIQUE
COMMUNAUTÉ
CONFLIT
CONSEILLER
COOPÉRATION
DIPLOMATIQUE
DISCUSSION

ÉTHIQUE
JUSTICE
GOUVERNEMENT
INTÉGRITÉ
POLITIQUE
RÉSOLUTION
SÉCURITÉ
SOLUTION
TRAITÉ
HUMANITAIRE

99 - Forniture Artistiche

```
A  V  L  B  G  Z  K  R  C  C  H  A  I  S  E  Y
C  Q  S  S  E  O  K  N  H  R  K  V  U  E  D  Q
H  P  U  W  A  D  M  Z  S  T  A  H  B  É  D  K
E  A  A  A  U  C  G  M  G  O  B  Y  Y  D  U  P
V  P  C  R  R  M  Y  A  E  T  R  Y  O  I  Y  A
A  I  R  É  A  E  Z  W  R  X  O  Y  C  N  S  S
L  E  Y  M  R  A  L  Z  C  N  S  C  R  D  S  T
E  R  L  A  G  H  C  L  N  B  S  L  É  I  D  E
T  I  I  C  I  K  H  C  E  G  E  H  A  A  C  L
W  Y  Q  T  L  J  A  I  M  S  S  U  T  F  T  S
P  K  U  P  E  U  R  R  R  D  X  I  I  V  Z  D
C  B  E  C  X  Y  B  X  H  D  O  L  V  E  V  U
G  Y  G  Z  B  C  O  I  O  X  B  E  I  E  G  S
I  S  E  O  A  J  N  W  T  Q  F  O  T  F  L  L
C  O  U  L  E  U  R  S  I  V  U  D  É  Q  B  N
Z  Z  V  O  P  S  C  O  L  L  E  T  A  B  L  E
```

EAU	GOMME
AQUARELLES	IDÉES
ACRYLIQUE	ENCRE
ARGILE	CRAYONS
CHARBON	HUILE
PAPIER	PASTELS
CHEVALET	CHAISE
COLLE	BROSSES
COULEURS	TABLE
CRÉATIVITÉ	CAMÉRA

100 - Misurazioni

```
L O N G U E U R G R A M M E V D
C S W Z Q M R E C U O P M C O S
X E R T È M I T N E C S È L L Z
L P U E I A G N È H M Z T A U L
B S E T E R T I L M A A R Z M C
Q P G C C G W P F D O U E R E O
F O R O Q O Z I V I N L T C A M
L I A Y B L I U O N C E I E V A
O D L A M I C É D V X F J K U R
V S C E H K R R J C X H C S B R
V G A C L L F G L N Q B F A R F
W D S N T S B E Y M Z O K P M F
A N G Y A O K D U W Y R O W E V
M R M D W Q N T H X N W A N B O
O W U S P N E N M I N U T E M Z
W J Z A Y C R U E D N O F O R P
```

HAUTEUR   LONGUEUR
OCTET   MÈTRE
CENTIMÈTRE   MINUTE
KILOGRAMME   ONCE
KILOMÈTRE   POIDS
DÉCIMAL   PINTE
DEGRÉ   POUCE
GRAMME   PROFONDEUR
LARGEUR   TONNE
LITRE   VOLUME

1 - Scacchi

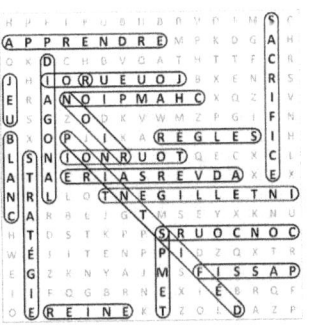

2 - Salute e Benessere #2

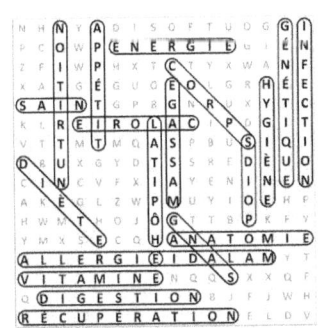

3 - Aggettivi #2

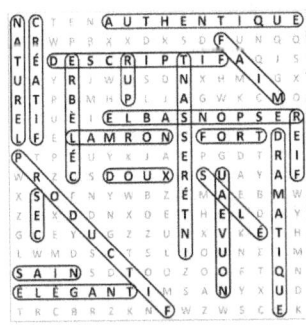

4 - Ingegneria

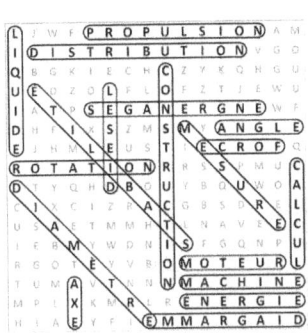

5 - Archeologia

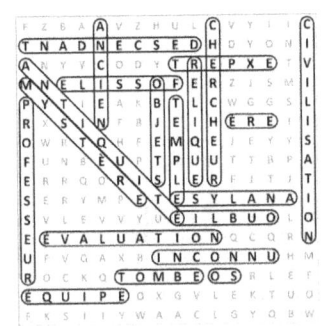

6 - Salute e Benessere #1

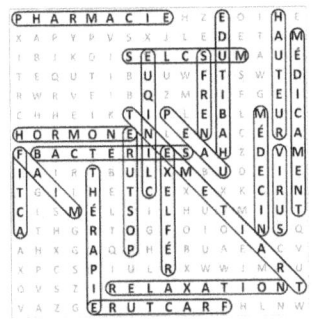

7 - Aggettivi #1

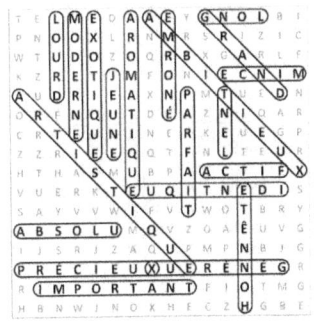

8 - Geologia

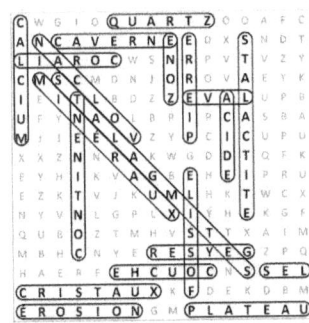

9 - Campeggio

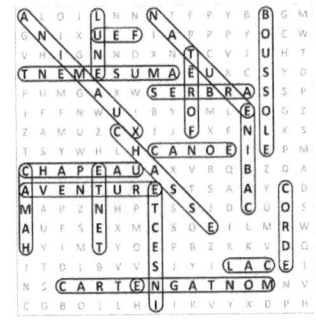

10 - Tempo

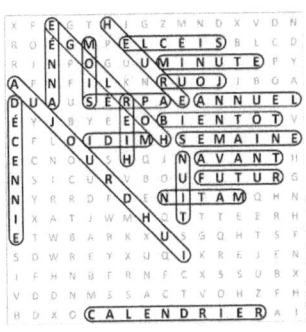

11 - Astronomia

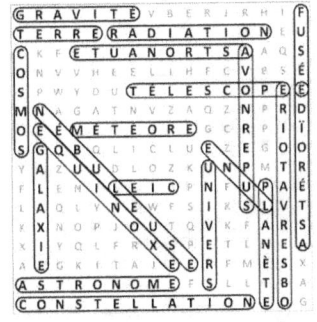

12 - Algebra

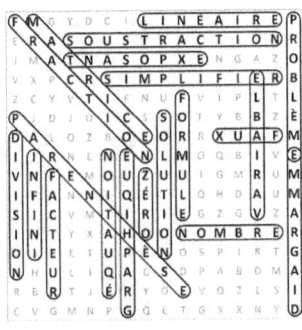

13 - Mitologia

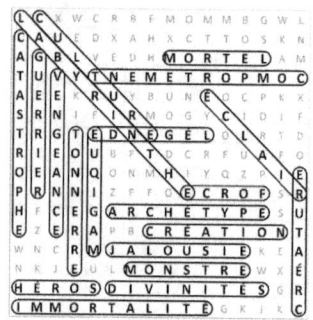

14 - Piante

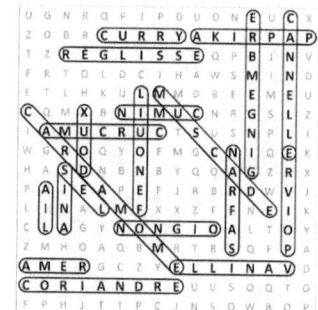

15 - Spezie

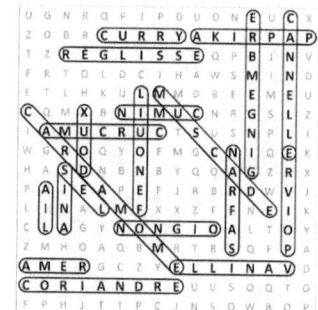

16 - Numeri

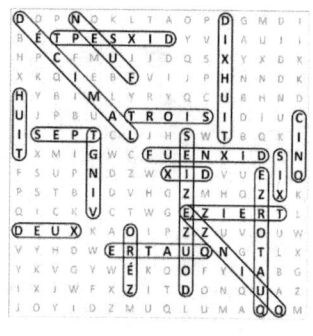

17 - Cioccolato

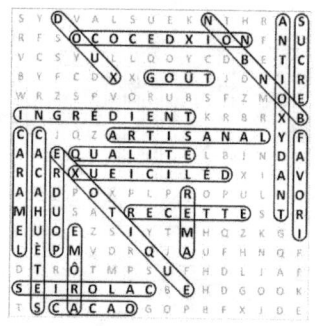

18 - Guida

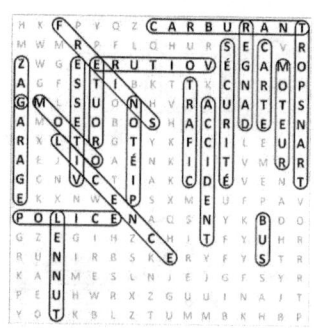

19 - I Media

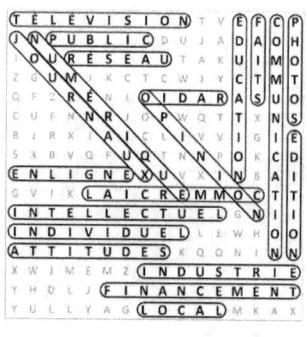

20 - Forza e Gravità

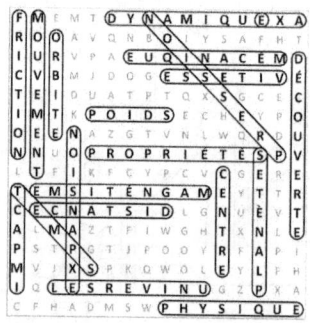

21 - Sport

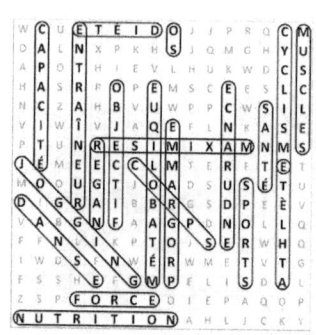

22 - Caffè

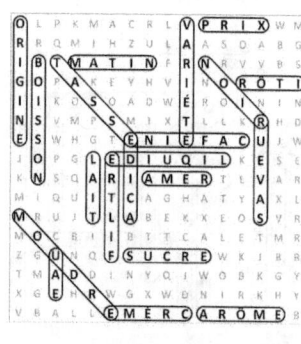

23 - Uccelli

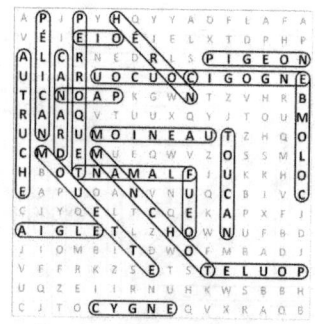

24 - Giorni e Mesi

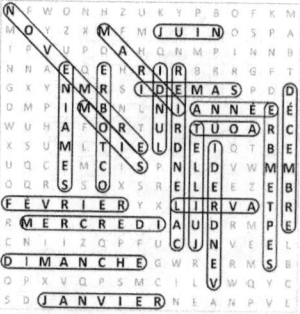

25 - Casa

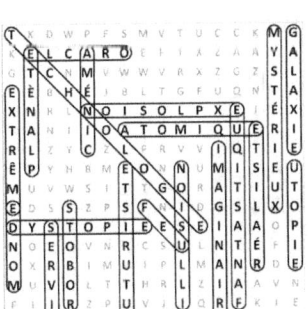

26 - Fantascienza

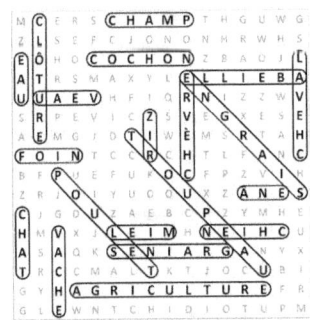

27 - Fattoria #1

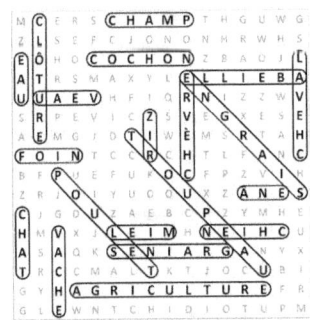

28 - Psicologia

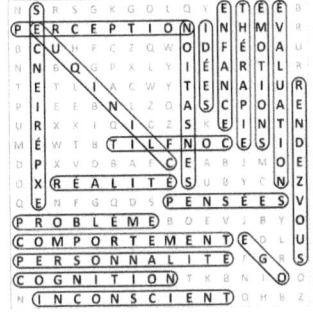

29 - Paesaggi

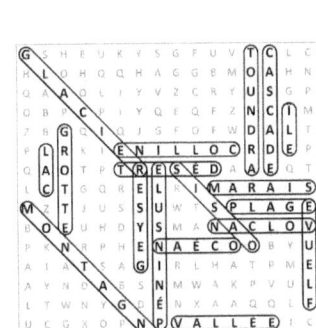

30 - Energia

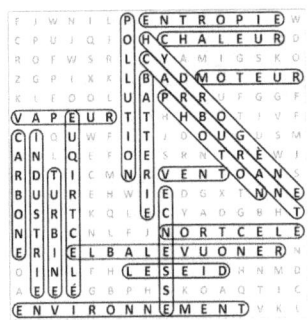

31 - Ristorante #2

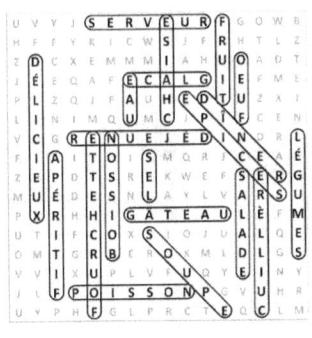

32 - Moda

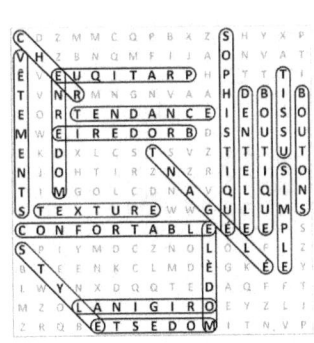

33 - Giardino

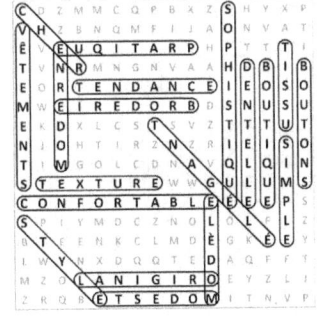

34 - Riscaldamento Gl

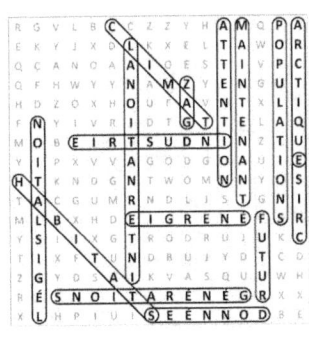

35 - Frutta

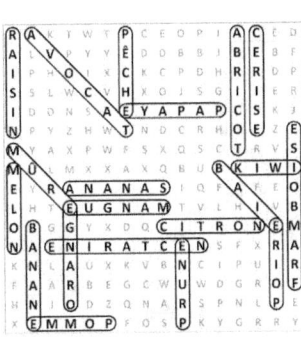

36 - Fattoria #2

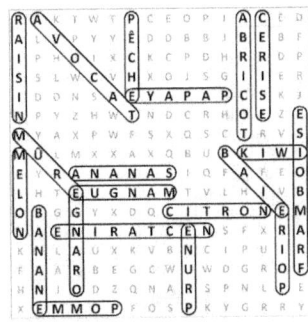

37 - Musica

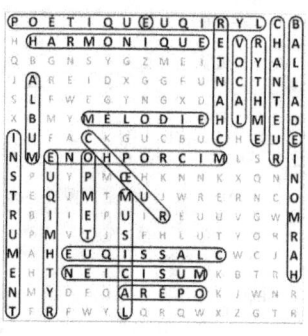

38 - Barbecue

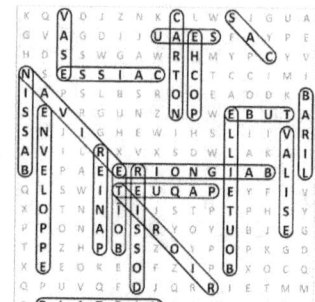

39 - Riempire

40 - Insetti

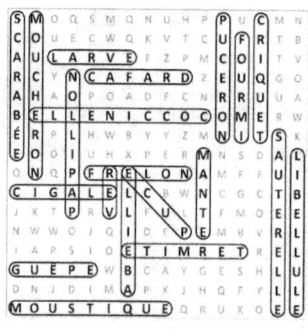

41 - Fisica

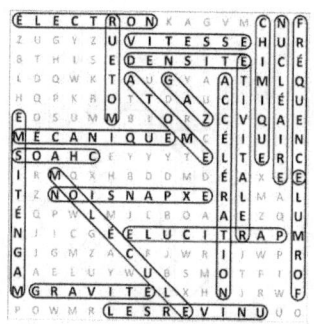

42 - Agronomia

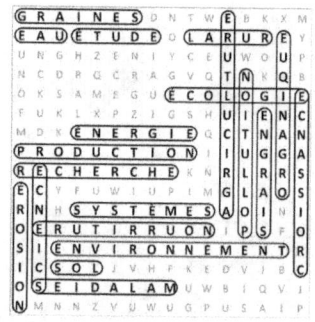

43 - Erboristeria

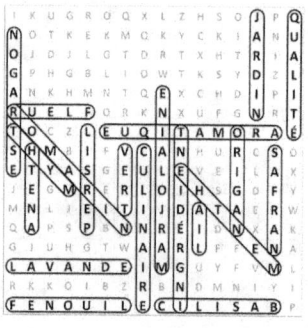

44 - Danza

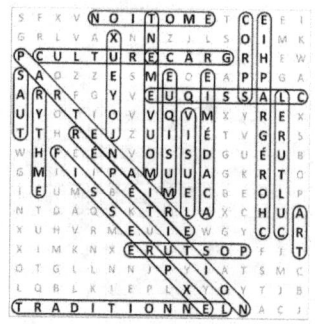

45 - Biologia

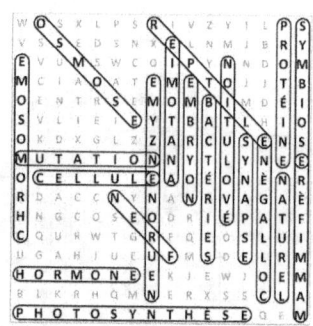

46 - Attività Commerciale

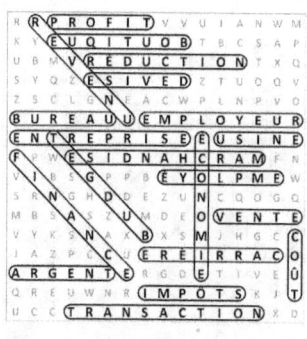

47 - Fiori

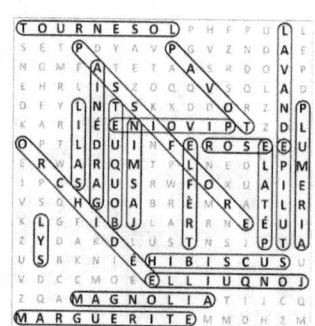

48 - Filantropia

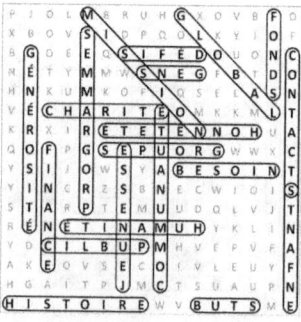

49 - Ecologia

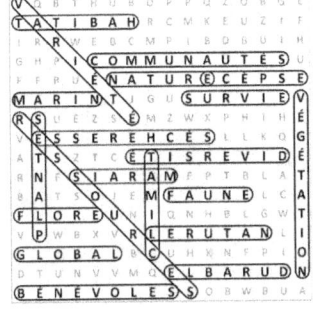

50 - Discipline Scientifiche

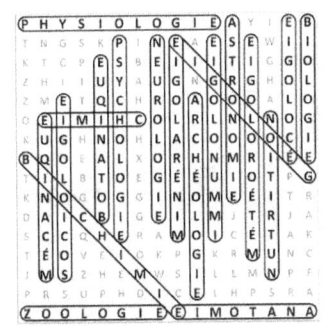

51 - Scienza

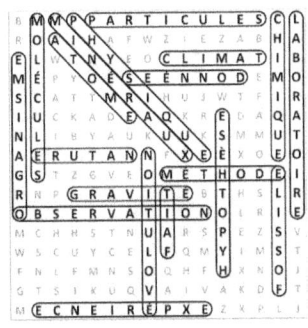

52 - Imbarcazioni

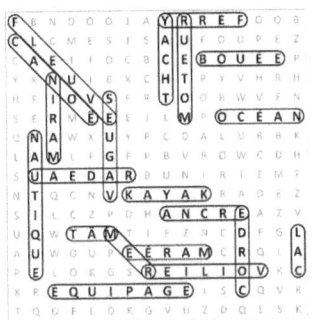

53 - Chimica

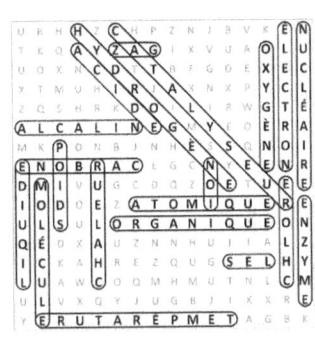

54 - Api

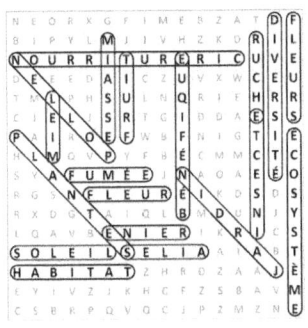

55 - Strumenti Musicali

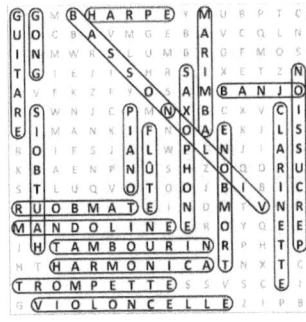

56 - Professioni #2

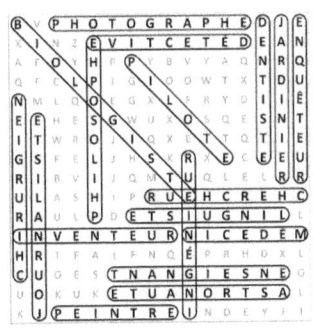

57 - Letteratura

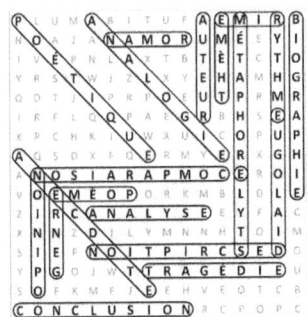

58 - Cibo #2

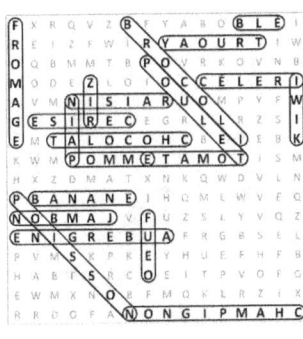

59 - Nutrizione

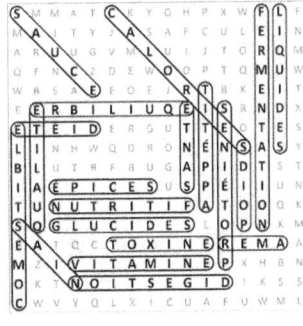

60 - Matematica

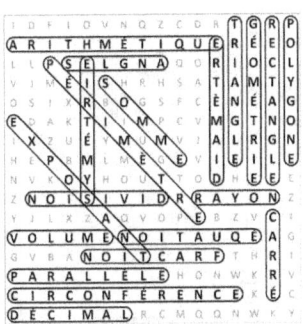

61 - Meditazione

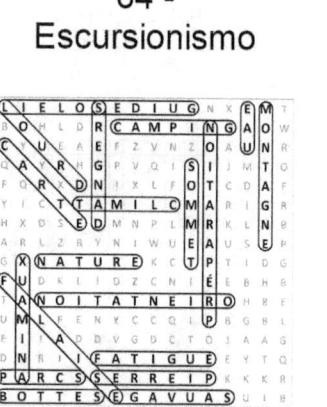

62 - Elettricità

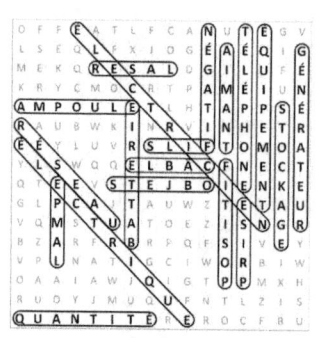

63 - Antiquariato

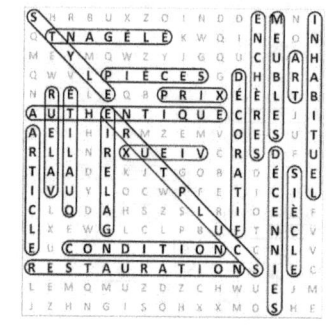

64 - Escursionismo

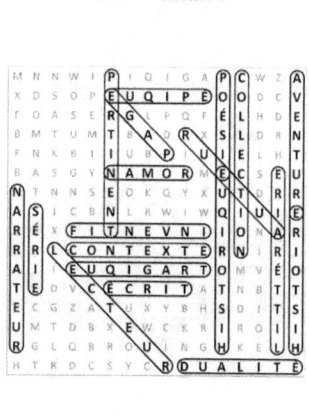

65 - Professioni #1

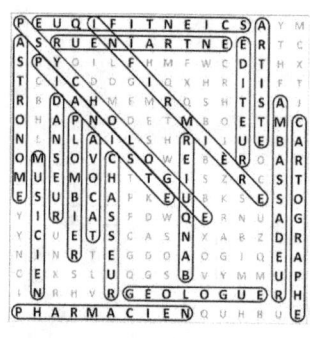

66 - Antartide

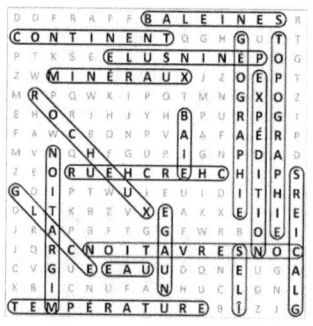

67 - Libri

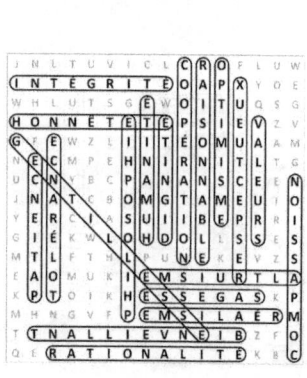

68 - Geografia

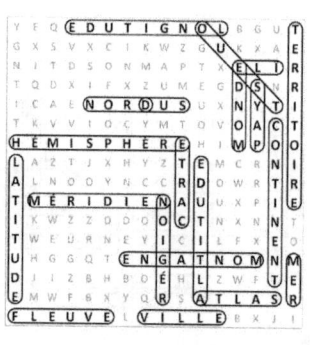

69 - Cibo #1

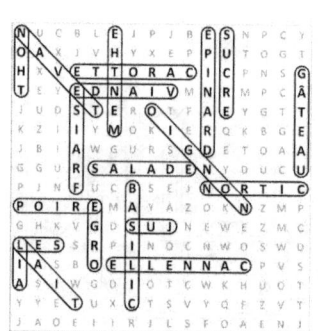

70 - Etica

71 - Aeroplani

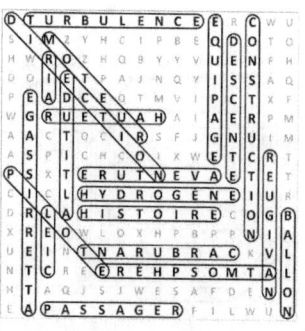

72 - Governo

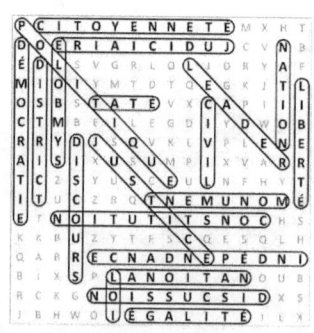

73 - Bellezza

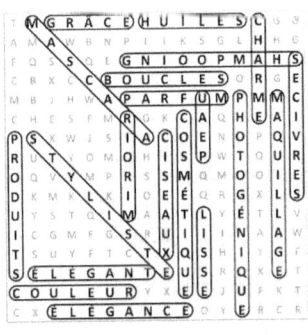

74 - Avventura

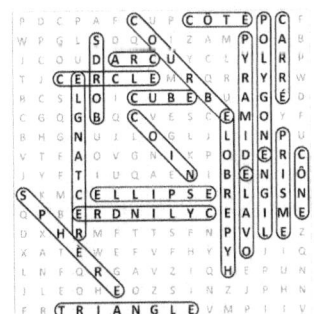

75 - Forme

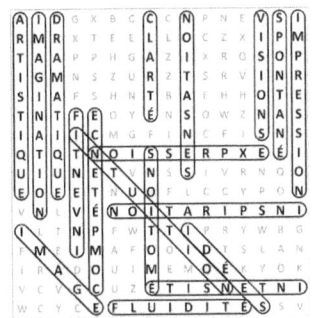

76 - Oceano

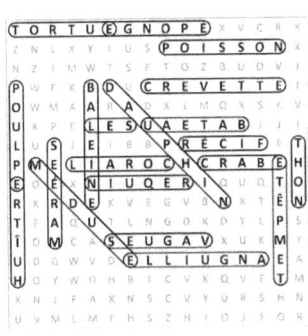

77 - Famiglia

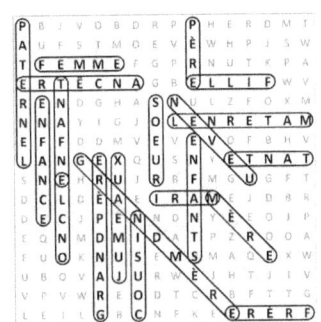

78 - Creatività

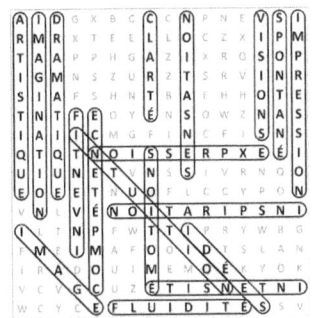

79 - Emozioni

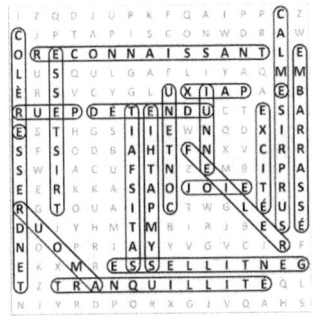

80 - Natura

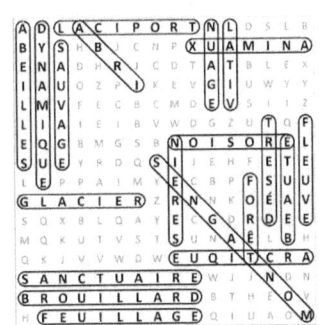

81 - Balletto

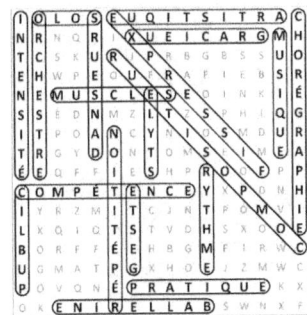

82 - Paesi #1

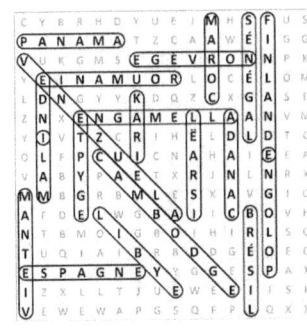

83 - Geometria

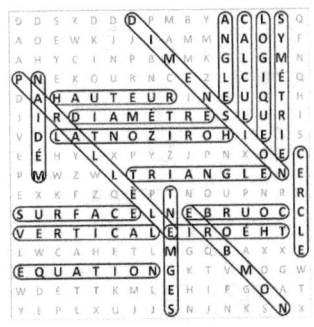

84 - Foresta Pluviale

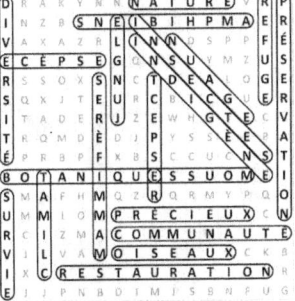

85 - Edifici

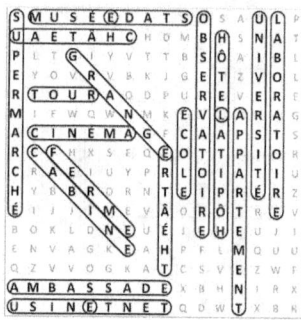

86 - Malattia

87 - Paesi #2

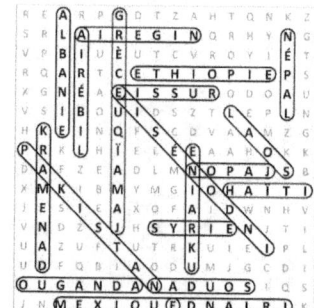

88 - Tipi di Capelli

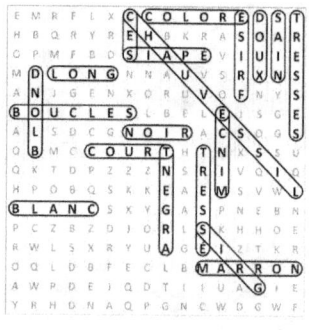

89 - Vestiti

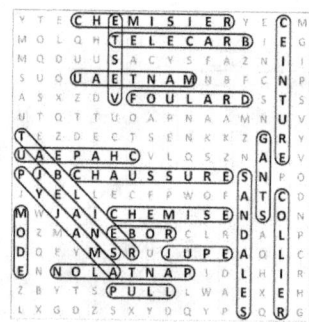

90 - Attività e Tempo Libero

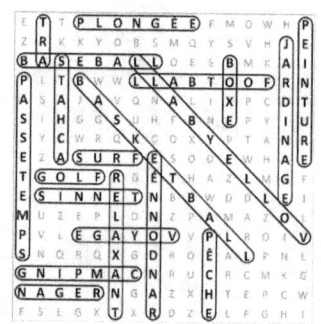

91 - Arte

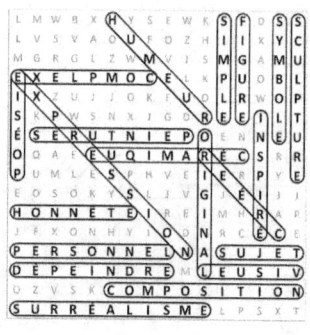

92 - Corpo Umano

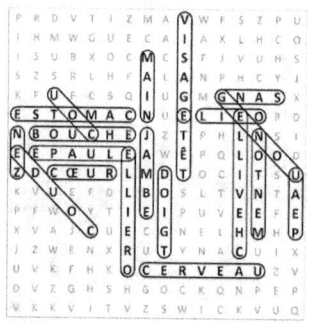

93 - Mammiferi

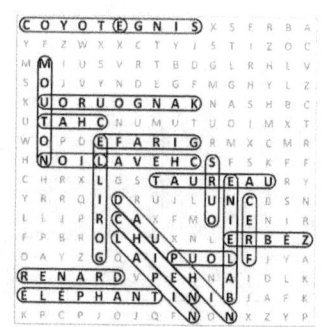

94 - Cucina

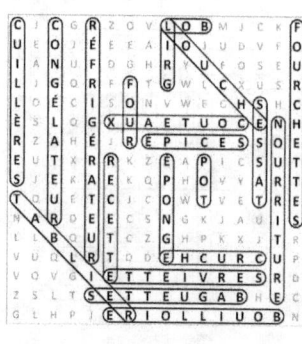

95 - Giardinaggio

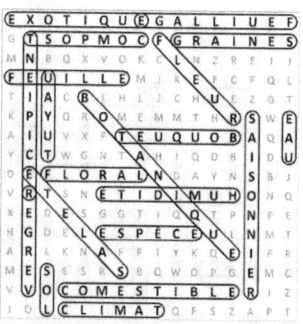

96 - Jazz

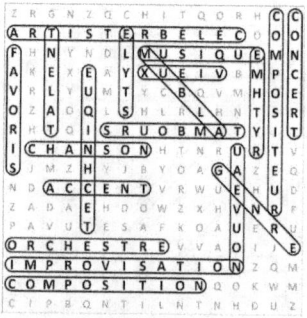

97 - Attività

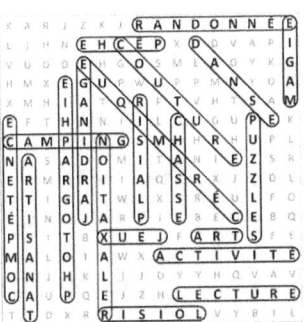

98 - Diplomazia

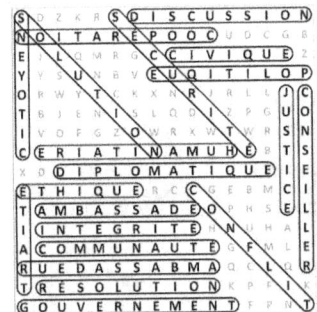

99 - Forniture Artistiche

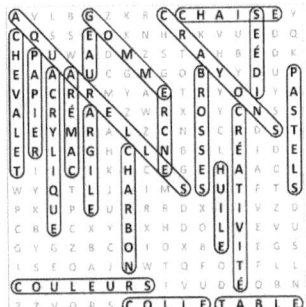

100 - Misurazioni

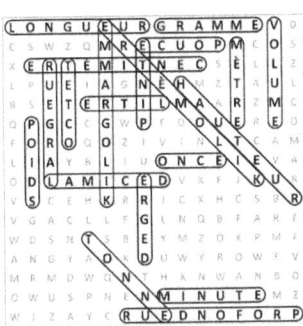

Dizionario

Aeroplani
Avions

Altezza	Hauteur
Altitudine	Altitude
Aria	Air
Atmosfera	Atmosphère
Atterraggio	Atterrissage
Avventura	Aventure
Carburante	Carburant
Cielo	Ciel
Costruzione	Construction
Direzione	Direction
Discesa	Descente
Equipaggio	Équipage
Idrogeno	Hydrogène
Motore	Moteur
Navigare	Naviguer
Palloncino	Ballon
Passeggero	Passager
Pilota	Pilote
Storia	Histoire
Turbolenza	Turbulence

Aggettivi #1
Adjectifs #1

Ambizioso	Ambitieux
Aromatico	Aromatique
Artistico	Artistique
Assoluto	Absolu
Attivo	Actif
Enorme	Énorme
Esotico	Exotique
Generoso	Généreux
Giovane	Jeune
Grande	Grand
Identico	Identique
Importante	Important
Lento	Lent
Lungo	Long
Moderno	Moderne
Onesto	Honnête
Perfetto	Parfait
Pesante	Lourd
Prezioso	Précieux
Sottile	Mince

Aggettivi #2
Adjectifs #2

Affamato	Faim
Asciutto	Sec
Autentico	Authentique
Creativo	Créatif
Descrittivo	Descriptif
Dolce	Doux
Drammatico	Dramatique
Elegante	Élégant
Famoso	Célèbre
Forte	Fort
Interessante	Intéressant
Naturale	Naturel
Normale	Normal
Nuovo	Nouveau
Orgoglioso	Fier
Produttivo	Productif
Puro	Pur
Responsabile	Responsable
Salato	Salé
Sano	Sain

Agronomia
Agronomie

Acqua	Eau
Agricoltura	Agriculture
Ambiente	Environnement
Cibo	Nourriture
Crescita	Croissance
Ecologia	Écologie
Energia	Énergie
Erosione	Érosion
Fertilizzante	Engrais
Inquinamento	Pollution
Malattie	Maladies
Organico	Organique
Produzione	Production
Ricerca	Recherche
Rurale	Rural
Scienza	Science
Semi	Graines
Sistemi	Systèmes
Studio	Étude
Suolo	Sol

Algebra
Algèbre

Diagramma	Diagramme
Divisione	Division
Equazione	Équation
Esponente	Exposant
Falso	Faux
Fattore	Facteur
Formula	Formule
Frazione	Fraction
Grafico	Graphique
Infinito	Infini
Lineare	Linéaire
Matrice	Matrice
Numero	Nombre
Parentesi	Parenthèse
Problema	Problème
Semplificare	Simplifier
Soluzione	Solution
Sottrazione	Soustraction
Variabile	Variable
Zero	Zéro

Antartide
Antarctique

Acqua	Eau
Ambiente	Environnement
Baia	Baie
Balene	Baleines
Conservazione	Conservation
Continente	Continent
Geografia	Géographie
Ghiacciai	Glaciers
Ghiaccio	Glace
Isole	Îles
Migrazione	Migration
Minerali	Minéraux
Nuvole	Nuage
Penisola	Péninsule
Ricercatore	Chercheur
Roccioso	Rocheux
Scientifico	Scientifique
Spedizione	Expédition
Temperatura	Température
Topografia	Topographie

Antiquariato
Antiquités

Arte	Art
Articolo	Article
Asta	Enchères
Autentico	Authentique
Condizione	Condition
Decenni	Décennies
Decorativo	Décoratif
Elegante	Élégant
Galleria	Galerie
Insolito	Inhabituel
Mobilio	Meubles
Monete	Pièces
Prezzo	Prix
Qualità	Qualité
Restauro	Restauration
Scultura	Sculpture
Secolo	Siècle
Stile	Style
Valore	Valeur
Vecchio	Vieux

Api
Les Abeilles

Ali	Ailes
Alveare	Ruche
Benefico	Bénéfique
Cera	Cire
Cibo	Nourriture
Diversità	Diversité
Ecosistema	Écosystème
Fiori	Fleurs
Fiorire	Fleur
Frutta	Fruit
Fumo	Fumée
Giardino	Jardin
Habitat	Habitat
Insetto	Insecte
Miele	Miel
Piante	Plantes
Polline	Pollen
Regina	Reine
Sciame	Essaim
Sole	Soleil

Archeologia
Archéologie

Analisi	Analyse
Antichità	Antiquité
Antico	Ancien
Civiltà	Civilisation
Dimenticato	Oublié
Discendente	Descendant
Era	Ère
Esperto	Expert
Fossile	Fossile
Mistero	Mystère
Oggetti	Objets
Ossa	Os
Professore	Professeur
Reliquia	Relique
Ricercatore	Chercheur
Sconosciuto	Inconnu
Squadra	Équipe
Tempio	Temple
Tomba	Tombe
Valutazione	Évaluation

Arte
Art

Ceramica	Céramique
Complesso	Complexe
Composizione	Composition
Creare	Créer
Dipinti	Peintures
Espressione	Expression
Figura	Figure
Ispirato	Inspiré
Onesto	Honnête
Originale	Original
Personale	Personnel
Poesia	Poésie
Ritrarre	Dépeindre
Scultura	Sculpture
Semplice	Simple
Simbolo	Symbole
Soggetto	Sujet
Surrealismo	Surréalisme
Umore	Humeur
Visivo	Visuel

Astronomia
Astronomie

Asteroide	Astéroïde
Astronauta	Astronaute
Astronomo	Astronome
Cielo	Ciel
Cosmo	Cosmos
Costellazione	Constellation
Equinozio	Équinoxe
Galassia	Galaxie
Gravità	Gravité
Luna	Lune
Meteora	Météore
Nebulosa	Nébuleuse
Osservatorio	Observatoire
Pianeta	Planète
Radiazione	Radiation
Razzo	Fusée
Supernova	Supernova
Telescopio	Télescope
Terra	Terre
Universo	Univers

Attività
Activités

Abilità	Compétence
Arte	Art
Artigianato	Artisanat
Attività	Activité
Caccia	Chasse
Campeggio	Camping
Ceramica	Céramique
Cucire	Couture
Danza	Danse
Escursioni	Randonnée
Fotografia	Photographie
Giardinaggio	Jardinage
Giochi	Jeux
Lettura	Lecture
Magia	Magie
Pesca	Pêche
Piacere	Plaisir
Puzzle	Puzzles
Rilassamento	Relaxation
Tempo Libero	Loisir

Attività Commerciale
Entreprise

Bilancio	Budget
Carriera	Carrière
Costo	Coût
Datore di Lavoro	Employeur
Dipendente	Employé
Economia	Économie
Fabbrica	Usine
Finanza	Finance
Merce	Marchandise
Negozio	Boutique
Profitto	Profit
Reddito	Revenu
Sconto	Réduction
Società	Entreprise
Soldi	Argent
Tasse	Impôts
Transazione	Transaction
Ufficio	Bureau
Valuta	Devise
Vendita	Vente

Attività e Tempo Libero
Activités et Loisirs

Arte	Art
Baseball	Base-Ball
Basket	Basket-Ball
Boxe	Boxe
Calcio	Football
Campeggio	Camping
Escursioni	Randonnée
Giardinaggio	Jardinage
Golf	Golf
Hobby	Passe-Temps
Immersione	Plongée
Nuoto	Nager
Pallavolo	Volley-Ball
Pesca	Pêche
Pittura	Peinture
Rilassante	Relaxant
Shopping	Achats
Surf	Surf
Tennis	Tennis
Viaggio	Voyage

Avventura
Aventure

Amici	Amis
Attività	Activité
Bellezza	Beauté
Coraggio	Bravoure
Destinazione	Destination
Difficoltà	Difficulté
Entusiasmo	Enthousiasme
Escursione	Excursion
Gioia	Joie
Insolito	Inhabituel
Itinerario	Itinéraire
Natura	Nature
Navigazione	Navigation
Nuovo	Nouveau
Opportunità	Opportunité
Pericoloso	Dangereux
Preparazione	Préparation
Sfide	Défis
Sicurezza	Sécurité
Viaggi	Voyages

Balletto
Ballet

Abilità	Compétence
Artistico	Artistique
Assolo	Solo
Ballerina	Ballerine
Ballerini	Danseurs
Compositore	Compositeur
Coreografia	Chorégraphie
Espressivo	Expressif
Gesto	Geste
Grazioso	Gracieux
Intensità	Intensité
Muscoli	Muscles
Musica	Musique
Orchestra	Orchestre
Pratica	Pratique
Prova	Répétition
Pubblico	Public
Ritmo	Rythme
Stile	Style
Tecnica	Technique

Barbecue
Barbecues

Caldo	Chaud
Cena	Dîner
Cibo	Nourriture
Cipolle	Oignons
Coltelli	Couteaux
Estate	Été
Fame	Faim
Famiglia	Famille
Frutta	Fruit
Giochi	Jeux
Griglia	Gril
Insalate	Salades
Invito	Invitation
Musica	Musique
Pepe	Poivre
Pollo	Poulet
Pomodori	Tomates
Pranzo	Déjeuner
Sale	Sel
Salsa	Sauce

Bellezza
Beauté

Colore	Couleur
Cosmetici	Cosmétique
Elegante	Élégant
Eleganza	Élégance
Fascino	Charme
Forbici	Ciseaux
Fotogenico	Photogénique
Fragranza	Parfum
Grazia	Grâce
Liscio	Lisse
Mascara	Mascara
Oli	Huiles
Pelle	Peau
Prodotti	Produits
Riccioli	Boucles
Servizi	Services
Shampoo	Shampooing
Specchio	Miroir
Stilista	Styliste
Trucco	Maquillage

Biologia
Biologie

Anatomia	Anatomie
Batteri	Bactéries
Cellula	Cellule
Collagene	Collagène
Cromosoma	Chromosome
Embrione	Embryon
Enzima	Enzyme
Evoluzione	Évolution
Fotosintesi	Photosynthèse
Mammifero	Mammifère
Mutazione	Mutation
Naturale	Naturel
Nervo	Nerf
Neurone	Neurone
Ormone	Hormone
Osmosi	Osmose
Proteina	Protéine
Rettile	Reptile
Simbiosi	Symbiose
Sinapsi	Synapse

Caffè
Café

Acido	Acide
Acqua	Eau
Amaro	Amer
Aroma	Arôme
Arrostito	Rôti
Bevanda	Boisson
Caffeina	Caféine
Crema	Crème
Filtro	Filtre
Gusto	Saveur
Latte	Lait
Liquido	Liquide
Macinare	Moudre
Mattina	Matin
Nero	Noir
Origine	Origine
Prezzo	Prix
Tazza	Tasse
Varietà	Variété
Zucchero	Sucre

Campeggio
Camping

Alberi	Arbres
Amaca	Hamac
Animali	Animaux
Avventura	Aventure
Bussola	Boussole
Cabina	Cabine
Caccia	Chasse
Canoa	Canoë
Cappello	Chapeau
Corda	Corde
Divertimento	Amusement
Foresta	Forêt
Fuoco	Feu
Insetto	Insecte
Lago	Lac
Luna	Lune
Mappa	Carte
Montagna	Montagne
Natura	Nature
Tenda	Tente

Casa
Maison

Attico	Grenier
Biblioteca	Bibliothèque
Camera	Chambre
Camino	Cheminée
Cucina	Cuisine
Doccia	Douche
Finestra	Fenêtre
Garage	Garage
Giardino	Jardin
Lampada	Lampe
Parete	Mur
Pavimento	Sol
Porta	Porte
Recinto	Clôture
Rubinetto	Robinet
Scopa	Balai
Soffitto	Plafond
Specchio	Miroir
Tappeto	Tapis
Tetto	Toit

Chimica
Chimie

Acido	Acide
Alcalino	Alcalin
Atomico	Atomique
Calore	Chaleur
Carbonio	Carbone
Catalizzatore	Catalyseur
Cloro	Chlore
Elettrone	Électron
Enzima	Enzyme
Gas	Gaz
Idrogeno	Hydrogène
Ione	Ion
Liquido	Liquide
Molecola	Molécule
Nucleare	Nucléaire
Organico	Organique
Ossigeno	Oxygène
Peso	Poids
Sale	Sel
Temperatura	Température

Cibo #1
Nourriture #1

Aglio	Ail
Basilico	Basilic
Cannella	Cannelle
Carne	Viande
Carota	Carotte
Cipolla	Oignon
Fragola	Fraise
Insalata	Salade
Latte	Lait
Limone	Citron
Menta	Menthe
Orzo	Orge
Pera	Poire
Rapa	Navet
Sale	Sel
Spinaci	Épinard
Succo	Jus
Tonno	Thon
Torta	Gâteau
Zucchero	Sucre

Cibo #2
Nourriture #2

Banana	Banane
Broccolo	Brocoli
Ciliegia	Cerise
Cioccolato	Chocolat
Formaggio	Fromage
Fungo	Champignon
Grano	Blé
Kiwi	Kiwi
Mela	Pomme
Melanzana	Aubergine
Pane	Pain
Pesce	Poisson
Pollo	Poulet
Pomodoro	Tomate
Prosciutto	Jambon
Riso	Riz
Sedano	Céleri
Uovo	Oeuf
Uva	Raisin
Yogurt	Yaourt

Cioccolato
Chocolat

Amaro	Amer
Antiossidante	Antioxydant
Arachidi	Cacahuètes
Aroma	Arôme
Artigianale	Artisanal
Cacao	Cacao
Calorie	Calories
Caramella	Bonbon
Caramello	Caramel
Delizioso	Délicieux
Dolce	Doux
Esotico	Exotique
Gusto	Goût
Ingrediente	Ingrédient
Noce di Cocco	Noix de Coco
Polvere	Poudre
Preferito	Favori
Qualità	Qualité
Ricetta	Recette
Zucchero	Sucre

Corpo Umano
Corps Humain

Bocca	Bouche
Caviglia	Cheville
Cervello	Cerveau
Collo	Cou
Cuore	Cœur
Dito	Doigt
Faccia	Visage
Gamba	Jambe
Ginocchio	Genou
Gomito	Coude
Mano	Main
Mento	Menton
Naso	Nez
Occhio	Oeil
Orecchio	Oreille
Pelle	Peau
Sangue	Sang
Spalla	Épaule
Stomaco	Estomac
Testa	Tête

Creatività
Créativité

Abilità	Compétence
Artistico	Artistique
Autenticità	Authenticité
Chiarezza	Clarté
Drammatico	Dramatique
Emozioni	Émotions
Espressione	Expression
Fluidità	Fluidité
Idee	Idées
Immaginazione	Imagination
Immagine	Image
Impressione	Impression
Intensità	Intensité
Intuizione	Intuition
Inventivo	Inventif
Ispirazione	Inspiration
Sensazione	Sensation
Spontaneo	Spontané
Visioni	Visions
Vitalità	Vitalité

Cucina
Cuisine

Bacchette	Baguettes
Bollitore	Bouilloire
Brocca	Cruche
Cibo	Nourriture
Ciotola	Bol
Coltelli	Couteaux
Congelatore	Congélateur
Cucchiai	Cuillères
Forchette	Fourchettes
Forno	Four
Frigorifero	Réfrigérateur
Grembiule	Tablier
Griglia	Gril
Mestolo	Louche
Ricetta	Recette
Spezie	Épices
Spugna	Éponge
Tazze	Tasses
Tovagliolo	Serviette
Vaso	Pot

Danza
Danse

Accademia	Académie
Arte	Art
Classico	Classique
Compagno	Partenaire
Coreografia	Chorégraphie
Corpo	Corps
Cultura	Culture
Culturale	Culturel
Emozione	Émotion
Espressivo	Expressif
Gioioso	Joyeux
Grazia	Grâce
Movimento	Mouvement
Musica	Musique
Postura	Posture
Prova	Répétition
Ritmo	Rythme
Salto	Saut
Tradizionale	Traditionnel
Visivo	Visuel

Diplomazia
Diplomatie

Ambasciata	Ambassade
Ambasciatore	Ambassadeur
Cittadini	Citoyens
Civico	Civique
Comunità	Communauté
Conflitto	Conflit
Consigliere	Conseiller
Cooperazione	Coopération
Diplomatico	Diplomatique
Discussione	Discussion
Etica	Éthique
Giustizia	Justice
Governo	Gouvernement
Integrità	Intégrité
Politica	Politique
Risoluzione	Résolution
Sicurezza	Sécurité
Soluzione	Solution
Trattato	Traité
Umanitario	Humanitaire

Discipline Scientifiche
Disciplines Scientifiques

Anatomia	Anatomie
Archeologia	Archéologie
Astronomia	Astronomie
Biochimica	Biochimie
Biologia	Biologie
Botanica	Botanique
Chimica	Chimie
Ecologia	Écologie
Fisiologia	Physiologie
Geologia	Géologie
Immunologia	Immunologie
Linguistica	Linguistique
Meccanica	Mécanique
Meteorologia	Météorologie
Mineralogia	Minéralogie
Neurologia	Neurologie
Nutrizione	Nutrition
Psicologia	Psychologie
Sociologia	Sociologie
Zoologia	Zoologie

Ecologia
Écologie

Clima	Climat
Comunità	Communautés
Diversità	Diversité
Fauna	Faune
Flora	Flore
Globale	Global
Habitat	Habitat
Marino	Marin
Natura	Nature
Naturale	Naturel
Palude	Marais
Piante	Plantes
Risorse	Ressources
Siccità	Sécheresse
Sopravvivenza	Survie
Sostenibile	Durable
Specie	Espèce
Varietà	Variété
Vegetazione	Végétation
Volontari	Bénévoles

Edifici
Bâtiments

Ambasciata	Ambassade
Appartamento	Appartement
Cabina	Cabine
Castello	Château
Cinema	Cinéma
Fabbrica	Usine
Fattoria	Ferme
Fienile	Grange
Hotel	Hôtel
Laboratorio	Laboratoire
Museo	Musée
Ospedale	Hôpital
Osservatorio	Observatoire
Scuola	École
Stadio	Stade
Supermercato	Supermarché
Teatro	Théâtre
Tenda	Tente
Torre	Tour
Università	Université

Elettricità
Électricité

Attrezzatura	Équipement
Batteria	Batterie
Cavo	Câble
Conservazione	Stockage
Elettricista	Électricien
Elettrico	Électrique
Fili	Fils
Generatore	Générateur
Lampada	Lampe
Lampadina	Ampoule
Laser	Laser
Magnete	Aimant
Negativo	Négatif
Oggetti	Objets
Positivo	Positif
Presa	Prise
Quantità	Quantité
Rete	Réseau
Telefono	Téléphone
Televisione	Télévision

Emozioni
Émotions

Amore	Amour
Calma	Calme
Contenuto	Contenu
Eccitato	Excité
Gentilezza	Gentillesse
Gioia	Joie
Grato	Reconnaissant
Imbarazzato	Embarrassé
Noia	Ennui
Pace	Paix
Paura	Peur
Rabbia	Colère
Rilassato	Détendu
Rilievo	Relief
Simpatia	Sympathie
Soddisfatto	Satisfait
Sorpresa	Surprise
Tenerezza	Tendresse
Tranquillità	Tranquillité
Tristezza	Tristesse

Energia
Énergie

Ambiente	Environnement
Batteria	Batterie
Benzina	Essence
Calore	Chaleur
Carbonio	Carbone
Carburante	Carburant
Diesel	Diesel
Elettrico	Électrique
Elettrone	Électron
Entropia	Entropie
Fotone	Photon
Idrogeno	Hydrogène
Industria	Industrie
Inquinamento	Pollution
Motore	Moteur
Nucleare	Nucléaire
Rinnovabile	Renouvelable
Turbina	Turbine
Vapore	Vapeur
Vento	Vent

Erboristeria
Herboristerie

Aglio	Ail
Aneto	Aneth
Aromatico	Aromatique
Basilico	Basilic
Culinario	Culinaire
Dragoncello	Estragon
Finocchio	Fenouil
Fiore	Fleur
Giardino	Jardin
Ingrediente	Ingrédient
Lavanda	Lavande
Maggiorana	Marjolaine
Menta	Menthe
Origano	Origan
Prezzemolo	Persil
Qualità	Qualité
Rosmarino	Romarin
Timo	Thym
Verde	Vert
Zafferano	Safran

Escursionismo
Randonnée

Acqua	Eau
Animali	Animaux
Campeggio	Camping
Clima	Climat
Guide	Guides
Mappa	Carte
Montagna	Montagne
Natura	Nature
Orientamento	Orientation
Parchi	Parcs
Pericoli	Dangers
Pesante	Lourd
Pietre	Pierres
Preparazione	Préparation
Scogliera	Falaise
Selvaggio	Sauvage
Sole	Soleil
Stanco	Fatigué
Stivali	Bottes
Vertice	Sommet

Etica
Éthique

Altruismo	Altruisme
Benevolo	Bienveillant
Compassione	Compassion
Cooperazione	Coopération
Dignità	Dignité
Diplomatico	Diplomatique
Filosofia	Philosophie
Gentilezza	Gentillesse
Integrità	Intégrité
Onestà	Honnêteté
Ottimismo	Optimisme
Pazienza	Patience
Ragionevole	Raisonnable
Razionalità	Rationalité
Realismo	Réalisme
Rispettoso	Respectueux
Saggezza	Sagesse
Tolleranza	Tolérance
Umanità	Humanité
Valori	Valeurs

Famiglia
Famille

Antenato	Ancêtre
Bambini	Enfants
Bambino	Enfant
Cugino	Cousin
Figlia	Fille
Fratello	Frère
Gemelli	Jumeaux
Infanzia	Enfance
Madre	Mère
Marito	Mari
Materno	Maternel
Moglie	Femme
Nipote	Neveu
Nonna	Grand-Mère
Nonno	Grand-Père
Padre	Père
Paterno	Paternel
Sorella	Soeur
Zia	Tante
Zio	Oncle

Fantascienza
Science-Fiction

Atomico	Atomique
Cinema	Cinéma
Distopia	Dystopie
Esplosione	Explosion
Estremo	Extrême
Fantastico	Fantastique
Fuoco	Feu
Futuristico	Futuriste
Galassia	Galaxie
Illusione	Illusion
Immaginario	Imaginaire
Libri	Livres
Misterioso	Mystérieux
Mondo	Monde
Oracolo	Oracle
Pianeta	Planète
Realistico	Réaliste
Robot	Robots
Tecnologia	Technologie
Utopia	Utopie

Fattoria #1
Ferme #1

Acqua	Eau
Agricoltura	Agriculture
Ape	Abeille
Asino	Âne
Campo	Champ
Cane	Chien
Capra	Chèvre
Cavallo	Cheval
Fertilizzante	Engrais
Fieno	Foin
Gatto	Chat
Gregge	Troupeau
Maiale	Cochon
Miele	Miel
Mucca	Vache
Pollo	Poulet
Recinto	Clôture
Riso	Riz
Semi	Graines
Vitello	Veau

Fattoria #2
Ferme #2

Agnello	Agneau
Agricoltore	Agriculteur
Alveare	Ruche
Anatra	Canard
Animali	Animaux
Cibo	Nourriture
Fienile	Grange
Frutta	Fruit
Frutteto	Verger
Grano	Blé
Irrigazione	Irrigation
Lama	Lama
Latte	Lait
Mais	Maïs
Oche	Oies
Orzo	Orge
Pastore	Berger
Pecora	Mouton
Prato	Pré
Trattore	Tracteur

Filantropia
Philanthropie

Bambini	Enfants
Bisogno	Besoin
Carità	Charité
Comunità	Communauté
Contatti	Contacts
Finanza	Finance
Fondi	Fonds
Generosità	Générosité
Gioventù	Jeunesse
Globale	Global
Gruppi	Groupes
Missione	Mission
Obiettivi	Buts
Onestà	Honnêteté
Persone	Gens
Programmi	Programmes
Pubblico	Public
Sfide	Défis
Storia	Histoire
Umanità	Humanité

Fiori
Fleurs

Gardenia	Gardénia
Gelsomino	Jasmin
Giglio	Lys
Girasole	Tournesol
Ibisco	Hibiscus
Lavanda	Lavande
Lilla	Lilas
Magnolia	Magnolia
Margherita	Marguerite
Mazzo	Bouquet
Narciso	Jonquille
Orchidea	Orchidée
Papavero	Pavot
Passiflora	Passiflore
Peonia	Pivoine
Petalo	Pétale
Plumeria	Plumeria
Rosa	Rose
Trifoglio	Trèfle
Tulipano	Tulipe

Fisica
Physique

Accelerazione	Accélération
Atomo	Atome
Caos	Chaos
Chimico	Chimique
Densità	Densité
Elettrone	Électron
Espansione	Expansion
Formula	Formule
Frequenza	Fréquence
Gas	Gaz
Gravità	Gravité
Magnetismo	Magnétisme
Meccanica	Mécanique
Molecola	Molécule
Motore	Moteur
Nucleare	Nucléaire
Particella	Particule
Relatività	Relativité
Universale	Universel
Velocità	Vitesse

Foresta Pluviale
Forêt Tropicale

Anfibi	Amphibiens
Botanico	Botanique
Clima	Climat
Comunità	Communauté
Diversità	Diversité
Giungla	Jungle
Indigeno	Indigène
Insetti	Insectes
Mammiferi	Mammifères
Muschio	Mousse
Natura	Nature
Nuvole	Nuage
Preservazione	Préservation
Prezioso	Précieux
Restauro	Restauration
Rifugio	Refuge
Rispetto	Respect
Sopravvivenza	Survie
Specie	Espèce
Uccelli	Oiseaux

Forme
Formes

Angolo	Coin
Arco	Arc
Bordi	Bords
Cerchio	Cercle
Cilindro	Cylindre
Cono	Cône
Cubo	Cube
Curva	Courbe
Ellisse	Ellipse
Iperbole	Hyperbole
Lato	Côté
Linea	Ligne
Ovale	Ovale
Piramide	Pyramide
Poligono	Polygone
Prisma	Prisme
Quadrato	Carré
Rettangolo	Rectangle
Sfera	Sphère
Triangolo	Triangle

Forniture Artistiche
Fournitures d'Art

Acqua	Eau
Acquerelli	Aquarelles
Acrilico	Acrylique
Argilla	Argile
Carbone	Charbon
Carta	Papier
Cavalletto	Chevalet
Colla	Colle
Colori	Couleurs
Creatività	Créativité
Gomma	Gomme
Idee	Idées
Inchiostro	Encre
Matite	Crayons
Olio	Huile
Pastelli	Pastels
Sedia	Chaise
Spazzole	Brosses
Tavolo	Table
Telecamera	Caméra

Forza e Gravità
Force et Gravité

Asse	Axe
Attrito	Friction
Centro	Centre
Dinamico	Dynamique
Distanza	Distance
Espansione	Expansion
Fisica	Physique
Impatto	Impact
Magnetismo	Magnétisme
Meccanica	Mécanique
Movimento	Mouvement
Orbita	Orbite
Peso	Poids
Pianeti	Planètes
Pressione	Pression
Proprietà	Propriétés
Scoperta	Découverte
Tempo	Temps
Universale	Universel
Velocità	Vitesse

Frutta
Fruit

Albicocca	Abricot
Ananas	Ananas
Arancia	Orange
Avocado	Avocat
Bacca	Baie
Banana	Banane
Ciliegia	Cerise
Kiwi	Kiwi
Lampone	Framboise
Limone	Citron
Mango	Mangue
Mela	Pomme
Melone	Melon
Mora	Mûre
Nettarina	Nectarine
Papaia	Papaye
Pera	Poire
Pesca	Pêche
Prugna	Prune
Uva	Raisin

Geografia
Géographie

Altitudine	Altitude
Atlante	Atlas
Città	Ville
Continente	Continent
Emisfero	Hémisphère
Fiume	Fleuve
Isola	Île
Latitudine	Latitude
Longitudine	Longitude
Mappa	Carte
Mare	Mer
Meridiano	Méridien
Mondo	Monde
Montagna	Montagne
Nord	Nord
Ovest	Ouest
Paese	Pays
Regione	Région
Sud	Sud
Territorio	Territoire

Geologia
Géologie

Acido	Acide
Altopiano	Plateau
Calcio	Calcium
Caverna	Caverne
Continente	Continent
Corallo	Corail
Cristalli	Cristaux
Erosione	Érosion
Fossile	Fossile
Geyser	Geyser
Lava	Lave
Minerali	Minéraux
Pietra	Pierre
Quarzo	Quartz
Sale	Sel
Stalagmiti	Stalagmites
Stalattite	Stalactite
Strato	Couche
Vulcano	Volcan
Zona	Zone

Geometria
Géométrie

Altezza	Hauteur
Angolo	Angle
Calcolo	Calcul
Cerchio	Cercle
Curva	Courbe
Diametro	Diamètre
Dimensione	Dimension
Equazione	Équation
Logica	Logique
Mediano	Médian
Numero	Nombre
Orizzontale	Horizontal
Parallelo	Parallèle
Proporzione	Proportion
Segmento	Segment
Simmetria	Symétrie
Superficie	Surface
Teoria	Théorie
Triangolo	Triangle
Verticale	Vertical

Giardinaggio
Jardinage

Acqua	Eau
Botanico	Botanique
Clima	Climat
Commestibile	Comestible
Compost	Compost
Contenitore	Récipient
Esotico	Exotique
Fiorire	Fleur
Floreale	Floral
Foglia	Feuille
Fogliame	Feuillage
Frutteto	Verger
Mazzo	Bouquet
Semi	Graines
Specie	Espèce
Sporco	Saleté
Stagionale	Saisonnier
Suolo	Sol
Tubo	Tuyau
Umidità	Humidité

Giardino
Jardin

Albero	Arbre
Amaca	Hamac
Cespuglio	Buisson
Erba	Herbe
Fiore	Fleur
Frutteto	Verger
Garage	Garage
Giardino	Jardin
Pala	Pelle
Panca	Banc
Portico	Porche
Prato	Pelouse
Rastrello	Râteau
Recinto	Clôture
Stagno	Étang
Suolo	Sol
Terrazza	Terrasse
Trampolino	Trampoline
Tubo	Tuyau
Vite	Vigne

Giorni e Mesi
Jours et Mois

Agosto	Août
Anno	Année
Aprile	Avril
Calendario	Calendrier
Dicembre	Décembre
Domenica	Dimanche
Febbraio	Février
Gennaio	Janvier
Giugno	Juin
Luglio	Juillet
Lunedì	Lundi
Martedì	Mardi
Mercoledì	Mercredi
Mese	Mois
Novembre	Novembre
Ottobre	Octobre
Sabato	Samedi
Settembre	Septembre
Settimana	Semaine
Venerdì	Vendredi

Governo
Gouvernement

Capo	Leader
Cittadinanza	Citoyenneté
Civile	Civil
Costituzione	Constitution
Democrazia	Démocratie
Discorso	Discours
Discussione	Discussion
Giudiziario	Judiciaire
Giustizia	Justice
Indipendenza	Indépendance
Legge	Loi
Libertà	Liberté
Monumento	Monument
Nazionale	National
Nazione	Nation
Politica	Politique
Quartiere	District
Simbolo	Symbole
Stato	État
Uguaglianza	Égalité

Guida
Conduite

Auto	Voiture
Autobus	Bus
Carburante	Carburant
Freni	Freins
Garage	Garage
Gas	Gaz
Incidente	Accident
Licenza	Licence
Mappa	Carte
Moto	Moto
Motore	Moteur
Pedonale	Piéton
Pericolo	Danger
Polizia	Police
Sicurezza	Sécurité
Strada	Route
Traffico	Trafic
Trasporto	Transport
Tunnel	Tunnel
Velocità	Vitesse

I Media
Les Médias

Atteggiamenti	Attitudes
Commerciale	Commercial
Comunicazione	Communication
Digitale	Numérique
Edizione	Édition
Educazione	Éducation
Fatti	Faits
Finanziamento	Financement
Foto	Photos
Giornali	Journaux
Individuale	Individuel
Industria	Industrie
Intellettuale	Intellectuel
Locale	Local
Online	En Ligne
Opinione	Opinion
Pubblico	Public
Radio	Radio
Rete	Réseau
Televisione	Télévision

Imbarcazioni
Bateaux

Albero	Mât
Ancora	Ancre
Barca a Vela	Voilier
Boa	Bouée
Canoa	Canoë
Corda	Corde
Equipaggio	Équipage
Fiume	Fleuve
Kayak	Kayak
Lago	Lac
Mare	Mer
Marea	Marée
Marinaio	Marin
Motore	Moteur
Nautico	Nautique
Oceano	Océan
Onde	Vagues
Traghetto	Ferry
Yacht	Yacht
Zattera	Radeau

Ingegneria
Ingénierie

Angolo	Angle
Asse	Axe
Calcolo	Calcul
Costruzione	Construction
Diagramma	Diagramme
Diametro	Diamètre
Diesel	Diesel
Distribuzione	Distribution
Energia	Énergie
Forza	Force
Ingranaggi	Engrenages
Liquido	Liquide
Macchina	Machine
Misurazione	Mesure
Motore	Moteur
Profondità	Profondeur
Propulsione	Propulsion
Rotazione	Rotation
Stabilità	Stabilité
Struttura	Structure

Insetti
Insectes

Afide	Puceron
Ape	Abeille
Calabrone	Frelon
Cavalletta	Sauterelle
Cicala	Cigale
Coccinella	Coccinelle
Coleottero	Scarabée
Farfalla	Papillon
Formica	Fourmi
Larva	Larve
Libellula	Libellule
Locusta	Criquet
Mantide	Mante
Moscerino	Moucheron
Pulce	Puce
Scarafaggio	Cafard
Termite	Termite
Verme	Ver
Vespa	Guêpe
Zanzara	Moustique

Jazz
Jazz

Album	Album
Artista	Artiste
Batteria	Tambours
Canzone	Chanson
Compositore	Compositeur
Composizione	Composition
Concerto	Concert
Enfasi	Accent
Famoso	Célèbre
Genere	Genre
Improvvisazione	Improvisation
Musica	Musique
Nuovo	Nouveau
Orchestra	Orchestre
Preferiti	Favoris
Ritmo	Rythme
Stile	Style
Talento	Talent
Tecnica	Technique
Vecchio	Vieux

Letteratura
Littérature

Analisi	Analyse
Analogia	Analogie
Aneddoto	Anecdote
Autore	Auteur
Biografia	Biographie
Conclusione	Conclusion
Confronto	Comparaison
Descrizione	Description
Dialogo	Dialogue
Genere	Genre
Metafora	Métaphore
Opinione	Opinion
Poesia	Poème
Poetico	Poétique
Rima	Rime
Ritmo	Rythme
Romanzo	Roman
Stile	Style
Tema	Thème
Tragedia	Tragédie

Libri
Livres

Autore	Auteur
Avventura	Aventure
Collezione	Collection
Contesto	Contexte
Dualità	Dualité
Epico	Épique
Inventivo	Inventif
Letterario	Littéraire
Lettore	Lecteur
Narratore	Narrateur
Pagina	Page
Poesia	Poésie
Rilevante	Pertinent
Romanzo	Roman
Scritto	Écrit
Serie	Série
Storia	Histoire
Storico	Historique
Tragico	Tragique
Umoristico	Humoristique

Malattia
Maladie

Acuto	Aigu
Addominale	Abdominal
Allergie	Allergies
Benessere	Bien-Être
Contagioso	Contagieux
Corpo	Corps
Cronico	Chronique
Cuore	Cœur
Debole	Faible
Ereditario	Héréditaire
Genetico	Génétique
Immunità	Immunité
Infiammazione	Inflammation
Lombare	Lombaire
Neuropatia	Neuropathie
Polmonare	Pulmonaire
Respiratorio	Respiratoire
Salute	Santé
Sindrome	Syndrome
Terapia	Thérapie

Mammiferi
Mammifères

Balena	Baleine
Cane	Chien
Canguro	Kangourou
Cavallo	Cheval
Cervo	Cerf
Coniglio	Lapin
Coyote	Coyote
Delfino	Dauphin
Elefante	Éléphant
Gatto	Chat
Giraffa	Girafe
Gorilla	Gorille
Leone	Lion
Lupo	Loup
Orso	Ours
Pecora	Mouton
Scimmia	Singe
Toro	Taureau
Volpe	Renard
Zebra	Zèbre

Matematica
Mathématiques

Angoli	Angles
Aritmetica	Arithmétique
Circonferenza	Circonférence
Decimale	Décimal
Diametro	Diamètre
Divisione	Division
Equazione	Équation
Esponente	Exposant
Frazione	Fraction
Geometria	Géométrie
Parallelo	Parallèle
Perimetro	Périmètre
Poligono	Polygone
Quadrato	Carré
Raggio	Rayon
Rettangolo	Rectangle
Simmetria	Symétrie
Somma	Somme
Triangolo	Triangle
Volume	Volume

Meditazione
Méditation

Accettazione	Acceptation
Attenzione	Attention
Calma	Calme
Chiarezza	Clarté
Compassione	Compassion
Emozioni	Émotions
Gentilezza	Gentillesse
Gratitudine	Gratitude
Mentale	Mental
Mente	Esprit
Movimento	Mouvement
Musica	Musique
Natura	Nature
Osservazione	Observation
Pace	Paix
Pensieri	Pensées
Postura	Posture
Prospettiva	Perspective
Respirazione	Respiration
Silenzio	Silence

Misurazioni
Mesures

Altezza	Hauteur
Byte	Octet
Centimetro	Centimètre
Chilogrammo	Kilogramme
Chilometro	Kilomètre
Decimale	Décimal
Grado	Degré
Grammo	Gramme
Larghezza	Largeur
Litro	Litre
Lunghezza	Longueur
Metro	Mètre
Minuto	Minute
Oncia	Once
Peso	Poids
Pinta	Pinte
Pollice	Pouce
Profondità	Profondeur
Tonnellata	Tonne
Volume	Volume

Mitologia
Mythologie

Archetipo	Archétype
Comportamento	Comportement
Creatura	Créature
Creazione	Création
Cultura	Culture
Disastro	Catastrophe
Divinità	Divinités
Eroe	Héros
Forza	Force
Fulmine	Éclair
Gelosia	Jalousie
Guerriero	Guerrier
Immortalità	Immortalité
Labirinto	Labyrinthe
Leggenda	Légende
Magico	Magique
Mortale	Mortel
Mostro	Monstre
Tuono	Tonnerre
Vendetta	Vengeance

Moda
Mode

Abbigliamento	Vêtements
Boutique	Boutique
Caro	Cher
Confortevole	Confortable
Elegante	Élégant
Minimalista	Minimaliste
Modello	Modèle
Moderno	Moderne
Modesto	Modeste
Originale	Original
Pizzo	Dentelle
Pratico	Pratique
Pulsanti	Boutons
Ricamo	Broderie
Semplice	Simple
Sofisticato	Sophistiqué
Stile	Style
Tendenza	Tendance
Tessuto	Tissu
Trama	Texture

Musica
Musique

Album	Album
Armonia	Harmonie
Armonico	Harmonique
Ballata	Ballade
Cantante	Chanteur
Cantare	Chanter
Classico	Classique
Coro	Chœur
Lirico	Lyrique
Melodia	Mélodie
Microfono	Microphone
Musicale	Musical
Musicista	Musicien
Opera	Opéra
Poetico	Poétique
Ritmico	Rythmique
Ritmo	Rythme
Strumento	Instrument
Tempo	Tempo
Vocale	Vocal

Natura
Nature

Animali	Animaux
Api	Abeilles
Artico	Arctique
Bellezza	Beauté
Deserto	Désert
Dinamico	Dynamique
Erosione	Érosion
Fiume	Fleuve
Fogliame	Feuillage
Foresta	Forêt
Ghiacciaio	Glacier
Montagne	Montagnes
Nebbia	Brouillard
Nuvole	Nuage
Rifugio	Abri
Santuario	Sanctuaire
Selvaggio	Sauvage
Sereno	Serein
Tropicale	Tropical
Vitale	Vital

Numeri
Nombres

Cinque	Cinq
Decimale	Décimal
Diciannove	Dix-Neuf
Diciassette	Dix-Sept
Diciotto	Dix-Huit
Dieci	Dix
Dodici	Douze
Due	Deux
Nove	Neuf
Otto	Huit
Quattordici	Quatorze
Quattro	Quatre
Quindici	Quinze
Sedici	Seize
Sei	Six
Sette	Sept
Tre	Trois
Tredici	Treize
Venti	Vingt
Zero	Zéro

Nutrizione
Nutrition

Amaro	Amer
Appetito	Appétit
Bilanciato	Équilibré
Calorie	Calories
Carboidrati	Glucides
Commestibile	Comestible
Dieta	Diète
Digestione	Digestion
Fermentazione	Fermentation
Liquidi	Liquides
Nutriente	Nutritif
Peso	Poids
Proteine	Protéines
Qualità	Qualité
Salsa	Sauce
Salute	Santé
Sano	Sain
Spezie	Épices
Tossina	Toxine
Vitamina	Vitamine

Oceano
Océan

Anguilla	Anguille
Balena	Baleine
Barca	Bateau
Corallo	Corail
Delfino	Dauphin
Gamberetto	Crevette
Granchio	Crabe
Maree	Marées
Medusa	Méduse
Onde	Vagues
Ostrica	Huître
Pesce	Poisson
Polpo	Poulpe
Sale	Sel
Scogliera	Récif
Spugna	Éponge
Squalo	Requin
Tartaruga	Tortue
Tempesta	Tempête
Tonno	Thon

Paesaggi
Paysages

Cascata	Cascade
Collina	Colline
Deserto	Désert
Fiume	Fleuve
Geyser	Geyser
Ghiacciaio	Glacier
Grotta	Grotte
Iceberg	Iceberg
Isola	Île
Lago	Lac
Mare	Mer
Montagna	Montagne
Oasi	Oasis
Oceano	Océan
Palude	Marais
Penisola	Péninsule
Spiaggia	Plage
Tundra	Toundra
Valle	Vallée
Vulcano	Volcan

Paesi #1
Pays #1

Brasile	Brésil
Cambogia	Cambodge
Canada	Canada
Egitto	Egypte
Finlandia	Finlande
Germania	Allemagne
India	Inde
Iraq	Irak
Israele	Israël
Libia	Libye
Mali	Mali
Marocco	Maroc
Norvegia	Norvège
Panama	Panama
Polonia	Pologne
Romania	Roumanie
Senegal	Sénégal
Spagna	Espagne
Venezuela	Venezuela
Vietnam	Vietnam

Paesi #2
Pays #2

Albania	Albanie
Danimarca	Danemark
Etiopia	Ethiopie
Giamaica	Jamaïque
Giappone	Japon
Grecia	Grèce
Haiti	Haïti
Indonesia	Indonésie
Irlanda	Irlande
Laos	Laos
Liberia	Libéria
Messico	Mexique
Nepal	Népal
Nigeria	Nigeria
Pakistan	Pakistan
Russia	Russie
Siria	Syrie
Sudan	Soudan
Ucraina	Ukraine
Uganda	Ouganda

Piante
Plantes

Albero	Arbre
Bacca	Baie
Bambù	Bambou
Botanica	Botanique
Cactus	Cactus
Cespuglio	Buisson
Crescere	Grandir
Edera	Lierre
Erba	Herbe
Fagiolo	Haricot
Fertilizzante	Engrais
Fiore	Fleur
Flora	Flore
Fogliame	Feuillage
Foresta	Forêt
Giardino	Jardin
Muschio	Mousse
Petalo	Pétale
Radice	Racine
Vegetazione	Végétation

Professioni #1
Professions #1

Allenatore	Entraîneur
Ambasciatore	Ambassadeur
Artista	Artiste
Astronomo	Astronome
Avvocato	Avocat
Ballerino	Danseur
Banchiere	Banquier
Cacciatore	Chasseur
Cartografo	Cartographe
Editore	Éditeur
Farmacista	Pharmacien
Geologo	Géologue
Gioielliere	Bijoutier
Idraulico	Plombier
Infermiera	Infirmière
Musicista	Musicien
Pianista	Pianiste
Psicologo	Psychologue
Scienziato	Scientifique
Veterinario	Vétérinaire

Professioni #2
Professions #2

Astronauta	Astronaute
Biologo	Biologiste
Chirurgo	Chirurgien
Dentista	Dentiste
Detective	Détective
Filosofo	Philosophe
Fotografo	Photographe
Giardiniere	Jardinier
Giornalista	Journaliste
Illustratore	Illustrateur
Ingegnere	Ingénieur
Insegnante	Enseignant
Inventore	Inventeur
Investigatore	Enquêteur
Linguista	Linguiste
Medico	Médecin
Pilota	Pilote
Pittore	Peintre
Ricercatore	Chercheur
Zoologo	Zoologiste

Psicologia
Psychologie

Appuntamento	Rendez-Vous
Clinico	Clinique
Cognizione	Cognition
Comportamento	Comportement
Conflitto	Conflit
Ego	Ego
Emozioni	Émotions
Esperienze	Expériences
Idee	Idées
Inconscio	Inconscient
Infanzia	Enfance
Pensieri	Pensées
Percezione	Perception
Personalità	Personnalité
Problema	Problème
Realtà	Réalité
Sensazione	Sensation
Subconscio	Subconscient
Terapia	Thérapie
Valutazione	Évaluation

Riempire
Remplir

Bacino	Bassin
Barile	Baril
Borsa	Sac
Bottiglia	Bouteille
Busta	Enveloppe
Cartella	Dossier
Cartone	Carton
Cassa	Caisse
Cassetto	Tiroir
Cesto	Panier
Nave	Navire
Pacchetto	Paquet
Scatola	Boîte
Secchio	Seau
Tasca	Poche
Tubo	Tube
Valigia	Valise
Vasca	Baignoire
Vaso	Vase
Vassoio	Plateau

Riscaldamento Globale
Réchauffement Climatique

Artico	Arctique
Attenzione	Attention
Clima	Climat
Conseguenze	Conséquences
Crisi	Crise
Dati	Données
Energia	Énergie
Futuro	Futur
Gas	Gaz
Generazioni	Générations
Governo	Gouvernement
Habitat	Habitats
Industria	Industrie
Internazionale	International
Legislazione	Législation
Ora	Maintenant
Popolazioni	Populations
Scienziato	Scientifique
Sviluppo	Développement
Temperature	Températures

Ristorante #2
Restaurant #2

Acqua	Eau
Aperitivo	Apéritif
Bevanda	Boisson
Cameriere	Serveur
Cena	Dîner
Cucchiaio	Cuillère
Delizioso	Délicieux
Forchetta	Fourchette
Frutta	Fruit
Ghiaccio	Glace
Insalata	Salade
Minestra	Soupe
Pesce	Poisson
Pranzo	Déjeuner
Sale	Sel
Sedia	Chaise
Spezie	Épices
Torta	Gâteau
Uova	Oeuf
Verdure	Légumes

Salute e Benessere #1
Santé et Bien-Être #1

Abitudine	Habitude
Altezza	Hauteur
Attivo	Actif
Batteri	Bactéries
Clinica	Clinique
Fame	Faim
Farmacia	Pharmacie
Frattura	Fracture
Medicina	Médicament
Medico	Médecin
Muscoli	Muscles
Nervi	Nerfs
Ormoni	Hormone
Pelle	Peau
Postura	Posture
Riflesso	Réflexe
Rilassamento	Relaxation
Terapia	Thérapie
Trattamento	Traitement
Virus	Virus

Salute e Benessere #2
Santé et Bien-Être #2

Allergia	Allergie
Anatomia	Anatomie
Appetito	Appétit
Caloria	Calorie
Corpo	Corps
Dieta	Diète
Digestione	Digestion
Energia	Énergie
Genetica	Génétique
Igiene	Hygiène
Infezione	Infection
Malattia	Maladie
Massaggio	Massage
Nutrizione	Nutrition
Ospedale	Hôpital
Peso	Poids
Recupero	Récupération
Sangue	Sang
Sano	Sain
Vitamina	Vitamine

Scacchi
Échecs

Avversario	Adversaire
Bianco	Blanc
Campione	Champion
Concorso	Concours
Diagonale	Diagonal
Giocatore	Joueur
Gioco	Jeu
Intelligente	Intelligent
Nero	Noir
Passivo	Passif
Per Imparare	Apprendre
Punti	Points
Re	Roi
Regina	Reine
Regole	Règles
Sacrificio	Sacrifice
Sfide	Défis
Strategia	Stratégie
Tempo	Temps
Torneo	Tournoi

Scienza
Science

Atomo	Atome
Chimico	Chimique
Clima	Climat
Dati	Données
Esperimento	Expérience
Evoluzione	Évolution
Fatto	Fait
Fisica	Physique
Fossile	Fossile
Gravità	Gravité
Ipotesi	Hypothèse
Laboratorio	Laboratoire
Metodo	Méthode
Minerali	Minéraux
Molecole	Molécules
Natura	Nature
Organismo	Organisme
Osservazione	Observation
Particelle	Particules
Scienziato	Scientifique

Spezie
Épices

Aglio	Ail
Amaro	Amer
Anice	Anis
Cannella	Cannelle
Cardamomo	Cardamome
Cipolla	Oignon
Coriandolo	Coriandre
Cumino	Cumin
Curcuma	Curcuma
Curry	Curry
Dolce	Doux
Finocchio	Fenouil
Liquirizia	Réglisse
Noce Moscata	Muscade
Paprika	Paprika
Pepe	Poivre
Sale	Sel
Vaniglia	Vanille
Zafferano	Safran
Zenzero	Gingembre

Sport
Sport

Allenatore	Entraîneur
Atleta	Athlète
Capacità	Capacité
Ciclismo	Cyclisme
Corpo	Corps
Danza	Danse
Dieta	Diète
Forza	Force
Jogging	Jogging
Massimizzare	Maximiser
Metabolico	Métabolique
Muscoli	Muscles
Nuotare	Nager
Nutrizione	Nutrition
Obiettivo	Objectif
Ossa	Os
Programma	Programme
Resistenza	Endurance
Salute	Santé
Sportivo	Sports

Strumenti Musicali
Instruments de Musique

Armonica	Harmonica
Arpa	Harpe
Banjo	Banjo
Chitarra	Guitare
Clarinetto	Clarinette
Fagotto	Basson
Flauto	Flûte
Gong	Gong
Mandolino	Mandoline
Marimba	Marimba
Oboe	Hautbois
Percussione	Percussion
Pianoforte	Piano
Sassofono	Saxophone
Tamburello	Tambourin
Tamburo	Tambour
Tromba	Trompette
Trombone	Trombone
Violino	Violon
Violoncello	Violoncelle

Tempo
Temps

Anno	Année
Annuale	Annuel
Calendario	Calendrier
Decennio	Décennie
Dopo	Après
Futuro	Futur
Giorno	Jour
Ieri	Hier
Mattina	Matin
Mese	Mois
Mezzogiorno	Midi
Minuto	Minute
Notte	Nuit
Oggi	Aujourd'Hui
Ora	Heure
Orologio	Horloge
Presto	Bientôt
Prima	Avant
Secolo	Siècle
Settimana	Semaine

Tipi di Capelli
Types de Cheveux

Argento	Argent
Asciutto	Sec
Bianco	Blanc
Biondo	Blond
Breve	Court
Calvo	Chauve
Colorato	Coloré
Grigio	Gris
Intrecciato	Tressé
Liscio	Lisse
Lungo	Long
Marrone	Marron
Morbido	Doux
Nero	Noir
Riccio	Frisé
Riccioli	Boucles
Sano	Sain
Sottile	Mince
Spessore	Épais
Trecce	Tresses

Uccelli
Oiseaux

Airone	Héron
Anatra	Canard
Aquila	Aigle
Cicogna	Cigogne
Cigno	Cygne
Colomba	Colombe
Cuculo	Coucou
Fenicottero	Flamant
Gabbiano	Mouette
Oca	Oie
Pappagallo	Perroquet
Passero	Moineau
Pavone	Paon
Pellicano	Pélican
Piccione	Pigeon
Pinguino	Manchot
Pollo	Poulet
Struzzo	Autruche
Tucano	Toucan
Uovo	Oeuf

Vestiti
Vêtements

Abito	Robe
Braccialetto	Bracelet
Camicetta	Chemisier
Camicia	Chemise
Cappello	Chapeau
Cappotto	Manteau
Cintura	Ceinture
Collana	Collier
Giacca	Veste
Gonna	Jupe
Grembiule	Tablier
Guanti	Gants
Jeans	Jeans
Maglione	Pull
Moda	Mode
Pantaloni	Pantalon
Pigiama	Pyjama
Sandali	Sandales
Scarpa	Chaussure
Sciarpa	Foulard

Congratulazioni

Ce l'hai fatta!

Speriamo che questo libro vi sia piaciuto tanto quanto a noi è piaciuto concepirlo. Ci sforziamo di creare libri della più alta qualità possibile.
Questa edizione è progettata per fornire un apprendimento intelligente, di qualità e divertente!

Le è piaciuto questo libro?

Una Semplice Richiesta

Questi libri esistono grazie alle recensioni che pubblicate.

Puoi aiutarci lasciando una recensione
ora a questo link ?

BestBooksActivity.com/Recensioni50

SFIDA FINALE!

Sfida n°1

Sei pronto per il tuo gioco gratuito? Li usiamo sempre, ma non sono così facili da trovare - ecco i **Sinonimi!**

Scrivi 5 parole che hai trovato nei puzzle (n° 21, n° 36, n° 76) e prova a trovare 2 sinonimi per ogni parola.

Scrivi 5 parole del *Puzzle 21*

Parole	Sinonimo 1	Sinonimo 2

Scrivi 5 parole del *Puzzle 36*

Parole	Sinonimo 1	Sinonimo 2

Scrivi 5 parole del *Puzzle 76*

Parole	Sinonimo 1	Sinonimo 2

Sfida n°2

Ora che ti sei riscaldato, scrivi 5 parole che hai trovato nei puzzle n° 9, n° 17 e n° 25 e cerca di trovare 2 contrari per ogni parola. Quanti ne puoi trovare in 20 minuti?

Scrivi 5 parole del **Puzzle 9**

Parole	Antonimo 1	Antonimo 2

Scrivi 5 parole del **Puzzle 17**

Parole	Antonimo 1	Antonimo 2

Scrivi 5 parole del **Puzzle 25**

Parole	Antonimo 1	Antonimo 2

Sfida n°3

Grande! Questa sfida non è niente per te!

Pronto per la sfida finale? Scegli 10 parole che hai scoperto nei diversi puzzle e scrivile qui sotto.

1.	6.
2.	7.
3.	8.
4.	9.
5.	10.

Ora scrivi un testo pensando a una persona, un animale o un luogo che ti piace.

Puoi usare l'ultima pagina di questo libro come bozza.

La tua composizione:

TACCUINO:

A PRESTO!

Tutta la Squadra